DE QUOI LA PALESTINE
EST-ELLE LE NOM ?

DU MÊME AUTEUR CHEZ ACTES SUD

L'Islam en question, avec Tariq Ramadan, 2001 ; Babel n° 530.

© Les liens qui libèrent, 2010

ISBN 978-2-330-00653-2

ALAIN GRESH

DE QUOI
LA PALESTINE
EST-ELLE LE NOM ?

BABEL

Avertissement

Ce livre est un « essai ». Le nombre de notes et de références – dont beaucoup sont désormais facilement « traçables » sur Internet – a été volontairement réduit. L'ouvrage emprunte néanmoins largement à une littérature plus qu'abondante sur le sujet. J'ai puisé sans modération dans d'innombrables articles, dans plus de livres que je ne pourrais en citer ou dont même je pourrais me souvenir. Certains sont mentionnés au fil du texte, d'autres dans la bibliographie, mais le plus grand nombre, toutes ces lectures qui m'ont façonné, inspiré, révolté, toute cette masse de savoir qui ne peut sûrement pas s'enfermer dans un carcan comptable ou dans une quelconque « propriété intellectuelle », restera enfoui et aura pourtant servi de fondation à ce travail.

Je voudrais toutefois évoquer une conversation avec l'universitaire palestino-américain Fouad Moughrabi qui m'a introduit aux riches travaux anglo-saxons sur le « colonialisme de peuplement ». Je voudrais aussi remercier ceux et celles qui ont discuté et lu le manuscrit, l'ont enrichi et critiqué, notamment Isabelle Avran,

Alice Barzilay, Martine Bulard, Marina Da Silva, Evelyne Kaphan, Laurence Malegat, Geneviève Sellier et Dominique Vidal. Chacun, chacune a apporté sa pierre à un édifice qui aurait été bien plus médiocre sans leur contribution. Même si, selon la formule consacrée, je suis seul responsable des points de vue exprimés dans ces pages et des erreurs éventuelles qu'elles contiennent.

Un grand merci enfin à mon éditeur Henri Trubert, qui m'accompagne depuis de nombreuses années et qui m'a, une fois de plus, encouragé à poursuivre un projet qui n'était au départ qu'une vague idée.

Où le lecteur découvre l'horrifique histoire de Dinshwaï

> *Le seul monde dont la télévision ne cesse de nous donner des nouvelles (aussi précises et survoltées que les cours de la Bourse ou le Top 50), c'est le monde vu du pouvoir (comme on dit « la Terre vue de la Lune »).* À ces propos de Serge Daney, on pourrait ajouter qu'il s'agit aussi du « monde vu du Nord ».
>
> Serge DANEY, *Devant la recrudescence des vols de sacs à main*, Aléas, Lyon, 1991.

Le Caire, 1961. Malgré son nom, le lycée français ne dépendait plus de Paris. Il avait été nationalisé en 1956 à la suite de la guerre de Suez, l'« agression tripartite » – France, Royaume-Uni, Israël –, et son statut avait varié au gré des relations fluctuantes du président Gamal Abdel Nasser avec la IVe République finissante, puis avec un général de Gaulle alors préoccupé par la guerre d'Algérie. Certains programmes suivaient le cursus français, d'autres avaient été « égyptianisés ».

Nous utilisions le manuel de littérature de Lagarde et Michard et nous nous plongions dans les textes de Voltaire et de Balzac, de Racine et de Villon, de Mme de Sévigné et de Victor Hugo. Le théâtre classique et les alexandrins n'avaient pas de secrets pour nous. En revanche, nos manuels d'histoire étaient conçus par le ministère égyptien de l'Éducation et suivaient le programme des autres écoles, plus conforme à la fièvre nationaliste qui avait saisi le pays. Ici, comme dans la France de la IIIe République, l'Histoire servait à forger l'unité de la nation.

En cette rentrée 1961, l'une des premières leçons fut consacrée à l'affaire de Dinshwaï. Le président Nasser lui-même avait évoqué cet épisode lorsqu'il avait annoncé, dans un immense éclat de rire, la nationalisation de la Compagnie du canal de Suez, le 26 juillet 1956. Un demi-siècle plus tard, le bras droit égyptien d'Oussama Ben Laden, le Dr Ayman Al-Zawahiri, se félicitant des attentats du 7 juillet 2005 à Londres, évoquera à son tour ce drame, emblématique pour lui des nombreux crimes commis par la perfide Albion contre les musulmans.

Le 13 juin 1906, un petit groupe de soldats britanniques chassant le pigeon dans la campagne égyptienne se heurte, pour des motifs peu clairs, à des paysans du village de Dinshwaï, dans le delta du Nil. Un officier meurt, sans doute d'une insolation. L'Égypte était alors, depuis 1882, sous le contrôle direct de Londres.

Proconsul britannique, lord Cromer convoque une cour militaire dont il annonce à l'avance qu'elle prononcera des peines de mort. Quatre paysans sont pendus, d'autres sont fouettés devant leurs familles pour l'exemple. Quelques-uns vont croupir dans des bagnes. Le droit de chasse inaliénable des Britanniques sur les terres égyptiennes est ainsi préservé.

Ce jugement soulève une vague d'indignation en Égypte et amorce le réveil d'un mouvement national exsangue depuis la conquête britannique de 1882. Ahmed Chawqi, plus tard sacré « prince des poètes », compose des vers pleins de rage, et Mustafa Kemal, éditeur du *Liwaa* – un journal qui n'avait jusque-là qu'une faible audience –, réussit à mobiliser l'opinion et à créer le premier grand parti nationaliste.

Pendant ce temps, à Londres, lord Cromer reçoit l'ordre du Mérite... Très vite, pourtant, une partie de l'opinion, de la presse et des députés britanniques émet des doutes sur le bien-fondé des mesures adoptées. Dès le 21 juin 1906, le *Mail & Guardian* proteste contre les projets de condamnation. Le grand dramaturge George Bernard Shaw fait de même. Wilfrid Scawen Blunt, un homme qui connaît bien le monde musulman et la plupart de ses intellectuels, écrira quelques mois plus tard, le 24 décembre 1907, après l'annonce de la libération de tous les prisonniers de Dinshwaï :

L'épisode est donc terminé, mais il a plus fait pour ébranler l'Empire britannique d'Orient que n'importe quel autre événement de ces dernières années. Il a permis d'en finir avec Cromer [qui dut abandonner ses fonctions en avril 1907]. [...] Son écho s'est répercuté à travers l'Inde, la Perse et toute l'Asie. L'Égypte, secouée de sa longue apathie, devient la source d'un nouveau nationalisme.

Une vague anticolonialiste prend son essor à travers le monde et menace « l'empire sur lequel le soleil ne se couche jamais »...

Les classes se terminaient à 14 heures. Après le déjeuner – le principal repas de la journée, qui était pris en famille – et les devoirs, plus ou moins rapidement expédiés, nous passions nos longs après-midi entre amis, chez l'un ou chez l'autre. Une ou deux fois par semaine, nous nous penchions sur un manuel d'histoire arrivé de Paris. Plusieurs d'entre nous savaient déjà qu'ils ne termineraient pas leurs études en Égypte et voulaient se mettre à niveau dans certaines matières. Cette année-là, c'était l'histoire du XVIᵉ siècle qu'il fallait étudier : la circumnavigation de l'Afrique, la découverte de l'Amérique, Christophe Colomb et les « routiers et capitaines » qui allaient « conquérir ce fabuleux métal que Cipango mûrit en ses mines lointaines » (José-Maria de Heredia). Évoquait-on les Indiens et leur extermination ? De manière accessoire. Après tout, le XVIᵉ siècle, à la suite de la Renaissance, n'inaugurait-il pas le monde moderne ?

Ne marquait-il pas l'aube de la civilisation, de l'art et de la culture ?

Dinshwaï d'un côté, la conquête de l'Amérique de l'autre – deux récits, deux histoires, deux points de vue que rien ne rapprochait... Pourtant, un fil rouge reliait l'extermination des Indiens à l'asservissement de l'Orient. En avions-nous conscience ? Confusément. Durant les westerns projetés dans les cinémas du Caire, nous sympathisions avec les Indiens, jamais avec les cow-boys...

La vie elle-même s'était chargée de notre éducation. L'Égypte vivait alors « en révolution ». Nasser était adulé et ses diatribes suscitaient l'enthousiasme, surtout quand il défiait les « colonialistes » en langage populaire, les invitant à aller « sucer des citrons » ou « boire l'eau de la mer », formules qui pouvaient se condenser en un mot d'ordre : « Allez au diable ! » En Europe, peu de gens mesuraient ce qui se jouait dans ce Tiers Monde émergent. Ils voyaient dans le raïs (« président » en arabe) une marionnette des Soviétiques ou, pis encore, « un Hitler au petit pied », pour reprendre la formule du dirigeant socialiste français Guy Mollet. Et tandis que *Le Canard enchaîné* dénonçait à longueur de colonnes les turpitudes du *bikbachi* (« colonel » – c'était le grade de Nasser), *Le Monde* condamnait la nationalisation de la Compagnie du canal de Suez.

Correspondant de *France-Soir* au Caire de 1953 à 1956, Jean Lacouture fut l'un des rares Occidentaux à discerner ce qui enflammait le peuple égyptien. Il a raconté la soirée mémorable durant laquelle Nasser annonça cette nationalisation :

> Alors commence en un crescendo ininterrompu un amer, puis violent, puis furieux réquisitoire contre le « colonialisme hypothécaire ». La foule réagit d'abord faiblement. Elle attendait manifestement que la satire antiaméricaine débouche sur l'annonce de mesures prosoviétiques. Que vient faire ici Lesseps[1] ? Mais Nasser devient intéressant : « Ces bénéfices dont nous privait cette compagnie impérialiste, cet État dans l'État, tandis que nous mourions de faim, nous allons les reprendre... » Sur l'estrade officielle, aussi bien qu'au parterre, on commence à battre des mains, surpris, stupéfait : « Et je vous annonce qu'à cette heure même où je parle le *Journal officiel* publie la loi nationalisant la Compagnie, qu'à cette heure même où je parle les agents du gouvernement prennent possession des locaux de la Compagnie ! » Autour de nous, c'est une explosion...
>
> Des journalistes dont nous connaissons le scepticisme à l'égard du régime montent sur leurs chaises pour hurler leur enthousiasme, tandis que Nasser, soudain secoué d'un rire irrépressible – le coup est si surprenant, le « culot » si énorme –, poursuit : « C'est le Canal qui paiera pour le barrage[2]. [...] Moi, aujourd'hui, au nom du peuple,

---

1. Ferdinand de Lesseps, le concepteur du creusement de l'isthme entre mer Rouge et Méditerranée.

2. Le grand barrage d'Assouan que la Banque mondiale, sous la pression des Occidentaux, refuse de financer. Il sera construit avec l'aide de l'Union soviétique.

je prends la Compagnie... Ce soir, notre canal égyptien sera dirigé par des Égyptiens, des Égyptiens... ! » On n'entend plus ni ses mots ni son rire. C'est dans un grand orage d'acclamations, de hurlements de joie, qu'il s'arrache à la tribune où les rares étrangers que nous sommes se regardent, éberlués. On n'aura peut-être jamais vu un homme se lancer dans plus périlleuse aventure d'un air aussi joyeux[1].

Ces moments, ce bouillonnement, nous les vivions avec exaltation, malgré la peur qui nous avait saisis quand les troupes françaises et britanniques avaient débarqué à Port-Saïd en novembre 1956 et que, confinés dans nos maisons par le couvre-feu, nous entendions leurs bombardiers survoler Le Caire. Leur défaite renforça la fierté tout juste retrouvée, le sentiment profond qu'une période s'achevait, celle que l'expédition de Bonaparte avait ouverte en 1798.

Les manuels scolaires français célébraient cet exploit comme le début de l'ère moderne au Proche-Orient, en évoquant la bataille des Pyramides, d'où « quarante siècles nous contemplent », en saluant les savants qui, en dix volumes, avaient dressé leur monumentale *Description de l'Égypte*. Nos manuels égyptiens reprenaient un tout autre récit : les révoltes du peuple, sa haine devant les profanations commises par les soldats de la Révolution de 1789, son attachement à sa culture

---

1. Jean et Simone Lacouture, *L'Égypte en mouvement*, Seuil, Paris, 1956.

et à sa religion. Dans son *Journal d'un notable du Caire durant l'expédition française (1798-1801)*, Abd al-Rahman al-Jabarti contait l'impossible rencontre entre un peuple et un conquérant, certes prestigieux et paré des idéaux de la Révolution, mais aussi armé de canons et pétri d'arrogance. Deux récits discordants...

Les manuels français célébraient également Ferdinand de Lesseps, les cérémonies d'inauguration du canal de Suez, en 1869, en présence de l'impératrice Eugénie, épouse de Napoléon III, la création d'*Aïda* à l'opéra du Caire quelques années plus tard... Ceux d'Égypte dénonçaient le nombre d'ouvriers morts à la tâche – plus de 100 000, un chiffre sans doute exagéré. Ils expliquaient comment les khédives, souverains de l'Égypte, s'étaient endettés pour construire le canal, entraînant pour le pays un strict contrôle européen sur ses finances et un assujettissement qui préfigurait celui qu'imposerait le Fonds monétaire international à certains pays du Sud dans les années 1980 et 1990. Nos livres dépeignaient le sursaut nationaliste qu'avait provoqué, en 1880-1882, cette « souveraineté limitée », ainsi que la révolte menée par Ahmed Orabi – un officier, déjà : l'armée, comme elle le ferait en 1952 avec Nasser, exprimait alors les aspirations populaires... Il était sans doute difficile pour un écolier français de comprendre que l'écrasement de ce soulèvement, en 1882, allait permettre aux troupes britanniques de débarquer en Égypte et de prendre, pour soixante ans, le contrôle du pays.

Chaque dimanche, avec des amis, nous allions nager ou jouer au tennis au Gezirah Sporting Club, un lieu très select ; nos aînés se souvenaient du temps pas si lointain où sa fréquentation était réservée aux seuls Britanniques. Puis nous nous retrouvions chez ma grand-mère autour du repas familial hebdomadaire composé de *mouloukhiyah* (une sorte de soupe) et de feuilles de vigne. Pour nous y rendre, nous longions le Nil et passions devant l'arrogante ambassade britannique, dont les proportions témoignaient d'un pouvoir discrétionnaire désormais déchu. Nous avions appris dans nos livres d'histoire qu'en 1942 il avait suffi aux chars britanniques d'encercler le palais royal pour imposer un nouveau gouvernement au roi Farouk... À quelques centaines de mètres de là, le grand pont Abbas, un ouvrage amovible, enjambait le Nil : le 21 février 1946, les autorités l'avaient ouvert sous les pieds d'étudiants qui, par milliers, manifestaient aux cris de « À bas le colonialisme ! À bas l'Angleterre ! ». Plusieurs d'entre eux étaient morts noyés.

1961, Le Caire. La création de l'État d'Israël et la première guerre israélo-arabe dataient d'à peine treize ans, soit notre âge. Notre professeur d'histoire expliquait, cartes à l'appui, comment l'armée égyptienne avait été trahie, avec la complicité de Londres, par la dynastie hachémite au pouvoir en Jordanie et en Irak ;

comment le roi Farouk l'avait envoyée au front, équi-
pée d'armes obsolètes et de munitions insuffisantes,
pour détourner le peuple des problèmes intérieurs et
de la domination persistante du Royaume-Uni ; comment Nasser avait participé aux combats et résisté
pendant des mois dans la poche de Fallouja. Dans son
livre *Philosophie de la révolution* (1953) – que Guy Mollet osera comparer à *Mein Kampf* ! –, le raïs rappelait :
« Nous nous battions au champ d'honneur alors que
toutes nos pensées se portaient vers l'Égypte », et il
rapportait les dernières paroles d'un camarade mort
au combat : « La grande lutte est en Égypte. » Son horizon, comme celui des Officiers libres qui s'empareront
du pouvoir le 23 juillet 1952, n'était pas la libération de
la Palestine, mais l'édification d'une Égypte indépen-
dante, forte, moderne, débarrassée de toute tutelle
étrangère. Cependant, son refus d'adhérer aux différents pactes de défense antisoviétiques et sa volonté de
non-alignement allaient susciter la suspicion, puis
l'hostilité ouverte des États-Unis.

Quand il arrive au pouvoir, en 1952, Nasser tente
d'ouvrir des négociations secrètes avec Israël. En août
1954, il explique :

> Nous avons besoin de la paix afin de faire face à nos pro-
> blèmes intérieurs vitaux. Les États-Unis pourraient jouer
> un rôle de médiateur entre Israël et les pays arabes. [...]
> Israël a toujours cherché à paraître comme un petit pays
> faible et sans défense, constamment menacé par ses voi-

sins. En fait, c'est Israël qui a été une nation hostile, belliqueuse, agressive. [...] Toutefois nous voudrions mettre fin à la situation qui existe actuellement entre Israël et les pays arabes, mais nous voulons que les résolutions des Nations unies soient appliquées[1].

Les ébauches de contact se heurtent cependant à la méfiance réciproque et à l'intransigeance des dirigeants les plus extrémistes en Israël, David Ben Gourion et Moshe Dayan, son chef d'état-major, peu intéressés par un compromis. En février 1955, un raid israélien meurtrier contre Gaza (au cours duquel trente-huit soldats égyptiens sont tués) conduit Nasser à acheter des armes à la Tchécoslovaquie. La participation d'Israël à l'expédition franco-britannique de Suez en 1956 met fin au dialogue et, aux yeux de l'Égypte, l'ancre définitivement dans le camp de l'« impérialisme » et du « colonialisme ».

Nulle haine des juifs, nul antisémitisme dans ces prises de position, même si les premières victimes de la radicalisation furent les juifs égyptiens, une communauté aux multiples visages, aux racines immémoriales et qui n'avait jamais exprimé de sympathie significative pour le projet sioniste. Comme l'écrit si pertinemment Gilles Perrault dans sa biographie d'Henri Curiel, *Un homme à part* :

La minorité sioniste exceptée, personne ne ressentait la nécessité d'un État juif et l'on n'éprouvait pas le besoin de

---

1. *Le Monde*, Paris, 5 août 1954.

psalmodier « l'an prochain à Jérusalem » quand il suffisait de prendre le train de 9 h 45 pour s'y rendre.

Les juifs égyptiens allaient être emportés, pour reprendre un cliché, par les tourbillons de l'histoire, comme les Pieds-Noirs d'Algérie ou les Portugais d'Angola et du Mozambique.

Les plus lucides des juifs d'Orient, poursuit Perrault, comprirent immédiatement que la volonté de leurs coreligionnaires européens rescapés du génocide de se constituer un sanctuaire sonnait le glas des communautés sépharades vivant en paix depuis des siècles dans le monde arabe.

De fait, les juifs égyptiens aspiraient à une autre issue. Ne vivaient-ils pas dans ce pays depuis plus de deux mille ans ? Certains n'avaient-ils pas même participé au mouvement national égyptien qui avait mobilisé le pays au début du xxe siècle ? N'avaient-ils pas contribué à l'édification de cette société ? Né à Alexandrie, le psychanalyste Jacques Hassoun a rendu compte de leur histoire complexe :

Il serait inepte de parler d'un juif d'Égypte transhistorique, immuable. Les juifs d'Égypte ont intégré, absorbé les cultures et les invasions, les schismes et les hérésies. Ce que leur pays, l'Égypte, a subi. Ce que leur communauté a connu[1].

---

1. Jacques Hassoun, *Histoire des juifs du Nil*, Minerve, Paris, 1990.

Comme dans d'autres pays arabes, les juifs égyptiens furent pris dans des contradictions irréductibles. Nombre d'entre eux possédaient des passeports étrangers, ce qui permettait à certains Européens de se présenter comme des puissances « protectrices » et d'intervenir, le cas échéant, pour leur « défense » – un peu comme la France l'avait fait en Algérie avec le décret Crémieux de 1870 accordant la citoyenneté aux « israélites ». À l'heure de l'essor du nationalisme, cette situation entretenait un climat de suspicion qui s'alourdit encore avec la colonisation de la Palestine : comment les juifs se définissaient-ils par rapport au mouvement sioniste et, plus tard, par rapport à un État qui se proclamait juif ? À qui allait leur loyauté ? Ces questions étaient posées avec d'autant plus d'acuité que les dirigeants israéliens n'hésitaient pas à manipuler les juifs du monde arabe.

Une célèbre affaire de sabotage – on dirait aujourd'hui de terrorisme – mit en lumière le cynisme des commanditaires de ces actions. En juillet 1954, des bibliothèques américaines à Alexandrie et au Caire ainsi qu'un théâtre financé par les Britanniques furent la cible d'attentats. Très vite, les responsables furent arrêtés. Il s'agissait de juifs égyptiens recrutés par les services de renseignement israéliens, lesquels cherchaient, par ces provocations, à empêcher tout accord entre Le Caire et Londres sur l'évacuation des troupes britanniques d'Égypte.

[Notre but, disaient les instructions écrites, est] de briser la confiance occidentale envers le régime [égyptien...] Les actions doivent aboutir à des arrestations, des manifestations, un désir de revanche. L'origine israélienne des actions doit être totalement secrète et l'attention doit être reportée sur tout autre facteur possible. Le but est d'empêcher l'aide économique et militaire de l'Occident à l'Égypte, de créer des chocs et le désordre public.

En Israël, cette « bourde » déboucha sur ce que l'on a appelé l'affaire Lavon, du nom du ministre de la Défense accusé d'avoir commandité ces actions. C'était une calomnie, mais ses « amis » du Parti travailliste lui firent porter le chapeau pour se débarrasser d'un rival et dégager leur propre responsabilité. Ils ne reculèrent pas devant les faux témoignages, notamment Shimon Pérès. L'affaire Lavon fut-elle un cas isolé ? En Irak, en 1950-1951, des attentats furent perpétrés contre la communauté juive et contre des intérêts américains. Bien qu'aucune preuve définitive n'eût été apportée, plusieurs journaux israéliens, tel l'hebdomadaire populaire *Haolam Hazeh*, dirigé par Uri Avnery, et de nombreux juifs irakiens restèrent convaincus que ces actions, qui accélérèrent l'émigration des juifs d'Irak vers Israël, furent menées sur l'ordre de Tel-Aviv.

Pourtant, jusqu'au début des années 1960, nous ne perçûmes pas en Égypte le moindre ostracisme envers les juifs, qu'aucune loi ne visait directement. Écoliers de toutes confessions, nous nous côtoyions, nous étudiions ensemble sans animosité et sans une once de racisme, même si le conflit de 1956 avait entraîné le départ de nombreux étrangers, notamment français et britanniques, mais aussi de juifs apatrides.

Pour nous, l'antisémitisme venait de contrées lointaines, d'un autre monde que nous ne connaissions que par la lecture. Je devais avoir douze ou treize ans et je lisais beaucoup, particulièrement de la littérature soviétique, car nous vivions dans un milieu marqué par la culture russe et proche des communistes. Ma mère était juive, née en Suisse d'un père lituanien originaire de Vilnius et d'une mère russe de Saint-Pétersbourg. Son père était décédé quelques semaines après sa naissance, en 1918, foudroyé par la grippe espagnole. Sa mère, remariée avec un pharmacien, s'était installée au Caire en 1928. Ancien élève des yeshivas, les écoles religieuses juives, ce beau-père était assez fanatique pour croire que les filles ne devaient pas faire d'études. Ma mère s'enfuit du domicile parental à dix-huit ans et ne revit jamais son beau-père, qui n'accepta pas son mariage avec un copte égyptien. Comme elle l'expliquera plus tard à sa petite-fille Julie dans un entretien destiné à fixer la mémoire de la famille, c'est en Égypte qu'elle s'était sentie « le plus intégrée », davantage qu'en France, où elle s'installa en 1962. Elle vivait « autant au rythme du ramadan qu'à celui du 1er mai », et elle avait tenté de transmettre à ses enfants (mon frère et moi) « une ouverture d'esprit, une façon non étriquée de voir les choses », ce que je définis aujourd'hui comme le plus précieux héritage d'une certaine conception de la culture juive.

C'est un roman soviétique qui marqua ma première rencontre avec l'antisémitisme. *Et l'acier fut trempé*, son titre, claquait comme un slogan. Écrit en 1932 par Nicolas Ostrovski, le livre avait été traduit en français, avec une préface de Romain Rolland. Ostrovski narrait, à travers les aventures de son héros Pavel Kortcha-guine, l'épopée du bolchevisme dans l'Ukraine déchi-rée par la guerre civile, le combat héroïque contre les « bandes blanches » (favorables au tsar et ainsi dénom-mées par opposition aux « rouges »), l'instauration du « pouvoir de la classe ouvrière » et, aussi, la lutte contre l'antisémitisme, principe sur lequel le Parti commu-niste soviétique ne transigeait pas dans les années 1920 et 1930.

Ma mère m'avait interdit de lire le quatrième chapi-tre et, bien sûr, j'avais désobéi. Il détaillait le déroule-ment d'un pogrom antisémite commis par les bandes blanches :

Ils seront nombreux à ne pas oublier ces deux nuits d'épouvante. Trop de vies se brisèrent, trop de têtes blan-chirent en ces heures sanglantes. Dans les étroites impas-ses du ghetto, indifférents au monde et aux souvenirs, les bras convulsivement renversés, s'étalent encore ces corps adolescents de jeunes juives martyrisées, tordues par les spasmes du refus de la mort.

De quoi traumatiser un adolescent. Rien d'approchant n'existait en Égypte, qui n'avait connu aucun pogrom.

Pourtant, un vent mauvais commençait à se lever, un vent que nous ne percevions pas parce qu'il s'apparentait davantage à ce que Maxime Rodinson nommera un « racisme de guerre » qu'à un « antisémitisme éternel[1] », et que Jacques Hassoun décrivait ainsi :

> À l'agitation contre l'impérialisme, le sionisme et le communisme, vinrent se mêler certains accents antisémites. Une administration publique, le ministère de l'Orientation nationale, répandit des écrits violemment antijuifs, tels que les tristement célèbres *Protocoles des sages de Sion* et une nouvelle édition arabe de *Mein Kampf*. Il est remarquable de noter que la population, très souvent nourrie de cette littérature, ne transposait pas forcément les jugements abstraits contre les sionistes et les juifs en général aux juifs qu'elle connaissait.

En tout cas, pour nous, jeunes écoliers du lycée français, le rejet de l'injustice faite aux Palestiniens et celui de toute forme d'antisémitisme allaient de pair.

Les « lois socialistes » de 1961 et 1962 constituèrent le tournant de notre vie en Égypte. Fasciné par le modèle des pays de l'Est – l'URSS n'était-elle pas en

---

1. Maxime Rodinson, *Peuple juif ou problème juif ?*, La Découverte, Paris, 1997.

train de rattraper les États-Unis ? N'avait-elle pas inauguré la conquête de l'espace ? –, Nasser, en plus de construire une industrie lourde, nationalisa une grande partie des entreprises, à l'exception du petit commerce et de l'agriculture. Souvent frappés par ces mesures, les juifs choisirent l'exode – comme d'autres « communautés étrangères », telles que les Italiens, les Grecs, etc. Le pays perdit ainsi de nombreux cadres et la richesse de sa diversité.

En ce printemps de 1962, je me retrouvai donc en France, ma « seconde patrie », dont je partageais la langue, la culture et les idéaux, ceux de 1789 et de la Commune de Paris. Le pays émergeait de la guerre d'Algérie et, comme nombre d'autres jeunes, j'allais me lancer, trois ans plus tard, dans la lutte contre l'agression américaine au Vietnam. Cet immense élan de solidarité à l'échelle de la planète marqua toute une génération. Pourquoi tant de jeunes, qu'ils fussent allemands, brésiliens ou algériens, se sentaient-ils proches de ces combattants de l'autre bout du monde ? De quoi le Vietnam était-il le nom ?

Bien sûr, la résistance d'un petit peuple du Tiers Monde à la plus puissante armée mobilisée depuis la Seconde Guerre mondiale ne pouvait que susciter la sympathie. Bien sûr, l'ampleur des destructions infligées à ce pays nous bouleversait. Quarante ans plus tard, qui se souvient du terrible bilan humain infligé au Vietnam, des milliers d'enfants qui, aujourd'hui encore, naissent avec des déformations congénitales dues à l'usage massif d'armes chimiques larguées par les bombardiers américains ? L'Occident oublie bien rapidement ses crimes et leurs tragiques conséquences, qui se prolongent pourtant sur plusieurs générations.

Assurément, nous fondions des espoirs sur les sociétés qui naîtraient des ruines de l'Indochine. Mais, au-delà de l'affrontement Est-Ouest, nous sentions que ce qui se jouait, c'était le droit des pays du Tiers Monde à choisir leur propre voie. Nous pressentions que les peuples d'Indochine, après le peuple algérien, ébranlaient l'ordre international. Nous ne savions pas encore à quel point le chemin serait long, ni de quelles désillusions il serait accompagné. Pourtant, du Vietnam aux colonies portugaises, de l'Amérique latine à l'Afrique du Sud, à travers des combats aux visages multiples, c'est la pérennité d'une organisation du monde remontant au début du XVIIIe siècle et qui avait vu s'édifier le colonialisme, l'un des pires systèmes d'oppression, fondé sur la négation de l'humanité de l'Autre, qui était remise en cause. À l'aube du XXIe siècle, ce bouleversement est en voie d'achèvement ; l'émergence de la Chine, de l'Inde ou encore du Brésil signe la fin définitive de cette époque.

C'est dans ce contexte que la Palestine a pris une place centrale. Bien que cette terre ait perdu de sa valeur stratégique et que le conflit y ait fait moins de victimes qu'ailleurs, il est aujourd'hui celui qui mobilise le plus largement l'opinion publique internationale. De quoi la Palestine est-elle donc le nom ? D'un antisémitisme sans cesse recommencé qui aurait trouvé ainsi un fertile terrain de défoulement ? De la haine de l'Occident nourrie par le monde musulman ? Ou plutôt d'un ordre colonial finissant ?

Que nous dit la Palestine du monde d'aujourd'hui et de celui de demain ? Que nous dit-elle du bilan du colonialisme, de la persistance des injustices, des rapports entre le Nord et le Sud, du système international ? Sera-t-elle le terrain d'un choc de civilisations ou, au contraire, d'un dépassement de cette vision et de l'élaboration de solutions citoyennes, fondées non plus sur des nationalismes agressifs, mais sur le droit et la justice ? Favorisera-t-elle la naissance d'un universalisme non étroitement occidental ?

Pour tenter d'y voir plus clair, il faut revenir sur l'histoire récente du monde, une histoire qui, selon qu'on la regarde du Caire ou de Paris, d'Hanoï ou de Washington, de Johannesburg ou de Caracas, n'a ni les mêmes traits ni les mêmes contours.

CHAPITRE I

Où l'on comprend pourquoi certains peuples doivent patienter dans la « salle d'attente » de l'Histoire

> *Les forces qui font aboutir le projet grandiose du bonheur parfait ne tiennent nullement compte de la souffrance d'ordre secondaire, et exterminent ces sections de l'humanité qui leur barrent le passage. [...] Qu'il soit être humain ou brut, l'obstacle doit être éliminé.*

Herbert SPENCER, philosophe anglais, 1850.

Il arbore ce sourire presque débonnaire qu'il affichait déjà sur la couverture du magazine américain *Life* le 8 novembre 1943. La même barbichette, le même regard franc. Il s'est dépouillé de son uniforme militaire : la guerre est gagnée et il faut préparer la paix. Il a déjà participé à la création la Société des Nations (SDN) en 1919. En ce 25 juin 1945, à l'opéra de San Francisco, aux côtés de représentants de cinquante et un pays, il lit avec émotion le préambule de la Charte des Nations unies, un texte qu'il a largement contribué à rédiger et qui fonde le monde de demain, un monde plus juste et sans guerre :

Résolus :
– À préserver les générations futures du fléau de la guerre qui deux fois en l'espace d'une vie humaine a infligé à l'humanité d'indicibles souffrances ;
– À proclamer à nouveau notre foi dans les droits fondamentaux de l'homme, dans la dignité et la valeur de la personne humaine, dans l'égalité de droits des hommes et des femmes, ainsi que des nations, grandes et petites ;
– À créer les conditions nécessaires au maintien de la justice et du respect des obligations nées des traités et autres sources du droit international ;
– À favoriser le progrès social et instaurer de meilleures conditions de vie dans une liberté plus grande ;
Et à ces fins :
– À pratiquer la tolérance, à vivre en paix l'un avec l'autre dans un esprit de bon voisinage ;
– À unir nos forces pour maintenir la paix et la sécurité internationales ;
– À accepter des principes et instituer des méthodes garantissant qu'il ne sera pas fait usage de la force des armes, sauf dans l'intérêt commun ;
– À recourir aux institutions internationales pour favoriser le progrès économique et social de tous les peuples ;
Avons décidé d'associer nos efforts pour réaliser ces desseins.

Transportés par ces sublimes paroles, trois mille auditeurs se lèvent et applaudissent l'acte de naissance d'une ère nouvelle, débarrassée du nazisme, du fascisme, du racisme. Seul l'un d'entre eux, sceptique, reste assis, en retrait. Le Dr William E.B. Du Bois, écrivain noir américain considéré comme le père du panafricanisme, raconte :

> J'ai entendu Jan Smuts plaider pour le préambule de la Charte des Nations unies. C'était un paradoxe étonnant. Le « panafricanisme » qu'il représente est l'union des maîtres blancs du Kenya, de la Rhodésie et de l'Union sud-africaine, une union pour diriger le continent africain dans les intérêts des investisseurs blancs et des exploiteurs.

Car l'homme qui lit l'appel « à pratiquer la tolérance, à vivre en paix l'un avec l'autre dans un esprit de bon voisinage », n'est autre que Jan Smuts, le Premier ministre de l'Afrique du Sud, un pays où sévit la ségrégation raciale. Il s'est distingué par sa répression brutale des tentatives d'émancipation de la majorité noire, à laquelle les droits politiques et sociaux sont refusés. Smuts avait néanmoins choisi le bon camp durant la Seconde Guerre mondiale, celui de l'alliance avec le Royaume-Uni.

S'il est un événement emblématique du XXe siècle, c'est bien la guerre de 1939-1945. Par le nombre de pays concernés et par la diversité des théâtres d'opération, de l'Afrique du Nord au Caucase, du Pacifique aux Balkans, elle mérite, bien davantage que celle de 1914-1918, le qualificatif de « mondiale ». Elle continue à juste titre de symboliser dans notre monde occidental, même pour les générations qui ne l'ont pas vécue, la lutte titanesque entre le « Bien » et le « Mal », le combat contre la barbarie. Pourtant, ce bras de fer, vu du côté des pays colonisés, donc à travers le prisme d'une expérience distincte, ne pouvait être ressenti de la même façon. Aujourd'hui encore, cette guerre n'a pas, pour les ex-colonisés, le statut de référence obligée qu'il occupe dans le discours occidental. Tentons de comprendre pourquoi.

Secrétaire général du Parti communiste sud-africain, Joe Slovo (1926-1995), premier Blanc élu à la direction du Congrès national africain (ANC) et l'un des principaux architectes de la transition pacifique vers l'après-apartheid, rapporte dans ses mémoires inachevées comment son parti, jusque-là neutraliste, décida de s'engager contre l'Allemagne nazie au lendemain de l'attaque contre l'Union soviétique, le 22 juin 1941 :

> Ce tournant fut difficile. Comment expliquer à un Noir qu'il doit faire la paix avec Smuts – le boucher de Bulhoek et Bondelswarts[1] ? Pour un membre ordinaire de la majorité noire ne disposant ni de droits ni de la possibilité de voter, l'appel du régime à « sauver la civilisation et la démocratie » a dû paraître comme une cruelle parodie. Et se battre avec quoi ? Un homme noir n'était pas autorisé à

---

1. Deux villes sud-africaines où, en 1921 et 1922, Smuts exerça une terrible répression qui fit plusieurs centaines de victimes parmi les Noirs.

porter des armes. S'il voulait servir la démocratie, son seul choix était de devenir le serviteur d'un soldat blanc. L'entrée en guerre du Japon aux côtés de Hitler avait donné un slogan aux racistes blancs : « Luttez contre le péril jaune. » Il était facile de comprendre que, parmi les Noirs, certains espéraient en leur for intérieur que la venue d'autres hommes de couleur leur apporterait peut-être le salut[1].

En décembre 1941, au moment même où son aviation bombarde la flotte américaine à Pearl Harbor, le Japon lance une offensive majeure contre l'empire britanni-que d'Asie et s'empare, presque sans coup férir, de la Birmanie, de Singapour et de la Malaisie. Les troupes de l'empire du Soleil-Levant atteignent les portes de l'Inde. Deux historiens britanniques d'aujourd'hui, Christopher A. Bayly et Tim Harper, exposent la signifi-cation de cet effondrement de l'« homme blanc » en Extrême-Orient, et ils le font d'un point de vue asiatique d'autant plus important à comprendre que « nous entrons dans le siècle de l'Asie[2] » :

En 1941, lors de leur première incursion en Asie du Sud-Est, les Japonais n'apparaissaient pas aux yeux de ces peu-ples comme des envahisseurs féroces, hormis pour les Chinois, très informés d'événements comme le « viol de

---

1. Joe Slovo, Slovo : *The Unfinished Autobiography of ANC Leader Joe Slovo*, Ocean Press, Melbourne, New York, 1997.
2. Christopher A. Bayly et Tim Harper, « Armées oubliées de l'Asie britannique », *Le Monde diplomatique*, Paris, mai 2005.

Nankin » en 1937[1]. Au contraire, beaucoup percevaient les Japonais comme des libérateurs à même de balayer les colonialismes européens corrompus et décadents et d'ouvrir l'ère de « l'Asie pour les Asiatiques ».

D'autant, poursuivent les auteurs, que la férule coloniale s'était alourdie avec la Grande Dépression des années 1930, écrasant la paysannerie sous le poids de la dette. La jeunesse asiatique admirait le Japon pour sa modernisation au XIXe siècle et pour sa victoire sur la Russie en 1904-1905. En Inde s'était constituée une Armée nationale de libération qui comptait, en 1943, 40 000 combattants, pour la plupart d'anciens soldats de l'armée britannique qui voulaient lutter contre le colonisateur en s'alliant avec les Japonais.

À la même époque, dans le monde arabe, nombre de nationalistes dissimulaient à peine leurs sympathies pour « les ennemis de nos ennemis ». Le fait a été répété à satiété : le mufti de Jérusalem Amin al-Husseini, un des leaders du mouvement palestinien, a collaboré avec les nazis. Jeune officier, Anouar el-Sadate, le futur président égyptien, signataire en 1978 des accords de Camp David avec Israël, fut arrêté en 1942 par les Britanniques pour avoir transmis des informations à l'Afrika Korps – les divisions blindées

---

1. Selon les sources, entre 100 000 et 300 000 personnes furent massacrées après la prise de la ville par les troupes japonaises.

du général Erwin Rommel, qui roulaient à tombeau ouvert vers Alexandrie. À ce moment-là, la majorité du peuple égyptien guettait fiévreusement l'arrivée des légions allemandes, persuadée qu'elles allaient libérer le pays de l'oppression exécrée des Britanniques. Communiste et juif, profondément antifasciste, Henri Curiel, un homme qui savait fort bien ce qu'il y avait à craindre d'une victoire nazie, diffusa un tract expliquant, en substance, que la domination allemande ne valait pas mieux que celle des Britanniques.

Il est difficile de se déprendre de vieux réflexes profondément ancrés, d'abandonner le prisme « occidentalo-centré » qui organise l'espace et le temps à partir du seul point de vue du Nord. Bien sûr, l'issue de la Seconde Guerre mondiale était cruciale pour l'avenir de l'humanité, et une victoire de l'Allemagne nazie aurait signifié non seulement la vassalisation de toute l'Europe, y compris de l'Union soviétique, mais aussi l'aggravation de l'exploitation des colonies. Mais nous devons comprendre la cohérence des illusions entretenues par les peuples vivant sous la férule britannique ou française. Ces illusions s'effacèrent rapidement ; les peuples asiatiques prirent conscience que le joug japonais n'était pas moins féroce que celui des Britanniques ou des Français, et, de la Birmanie à l'Indochine, ils se retournèrent contre leurs nouveaux maîtres. Mais, vu du Sud, le conflit de 1939-1945 perd la dimension qu'il a acquise dans « notre village occidental ».

En fin de compte, l'impact majeur de la Seconde Guerre mondiale sur le monde colonisé résultera de la capacité des « peuples de couleur » à réclamer à leurs maîtres franco-britanniques affaiblis par le conflit les valeurs de liberté, de démocratie et de justice au nom desquelles ils avaient combattu.

Le « droit à coloniser »

Les différentes perceptions de la Seconde Guerre mondiale nous permettent d'interroger le prisme que nous utilisons pour appréhender le conflit de la Palestine. Ainsi, il n'est pas possible de comprendre l'attitude européenne et américaine à l'égard de la création d'Israël sans référence à une conception du monde, prégnante durant toute une partie du xxᵉ siècle, qui tenait pour quantité négligeable les peuples autochtones. Ceux-ci vivaient et restaient sur place, bien sûr, mais invisibles, sans culture, sans histoire, qu'ils soient Arabes de Palestine ou d'Algérie, Aborigènes d'Australie ou Noirs de l'Afrique australe. Nombreux étaient ceux qui croyaient sincèrement que seule l'Europe portait le flambeau de la « civilisation », un terme qui servit à couvrir bien des aventures et à justifier bien des crimes.

Si l'on en croit le très documenté *Dictionnaire historique de la langue française*, publié sous la direction d'Alain Rey, ce n'est qu'en 1721 qu'apparaît le mot

« civilisation », défini comme « le processus historique de progrès [...] matériel, social et culturel, ainsi que le résultat de ce processus, soit un état social considéré comme avancé ». Civiliser consiste donc à « faire passer une collectivité humaine à un état de plus haut développement matériel, intellectuel, social ». Philosophe et orientaliste, auteur du *Voyage en Syrie et en Égypte* (1787), Volney opposait déjà l'homme civilisé à… l'anthropophage. Le terme « civilisation », qui remplace le mot « mœurs » utilisé jusque-là, ne prend donc tout son sens que par opposition à celui de « sauvage ». Il implique une vision hiérarchique à laquelle il est difficile d'échapper.

Nicolas de Caritat, marquis de Condorcet (1743-1794), dont l'un des plus grands mérites fut d'avoir défendu avec détermination l'égalité entre hommes et femmes, croit à l'unité de l'espèce humaine et s'oppose farouchement aux entreprises coloniales :

Parcourez l'histoire de nos établissements en Afrique ou en Asie, vous verrez nos monopoles de commerce, nos trahisons, notre mépris sanguinaire pour les hommes d'une autre couleur ou d'une autre croyance, l'insolence de nos usurpations, l'extravagant prosélytisme ou les intrigues de nos prêtres, détruire ce sentiment de respect et de bienveillance que la supériorité de nos lumières et les avantages de notre commerce avaient d'abord obtenu[1].

---

1. Condorcet *Esquisse d'un tableau historique des progrès de l'esprit humain,* publié après la mort de l'auteur, en 1795.

Le respect des peuples de couleur transparaît dans cette condamnation courageuse et sans équivoque des aventures coloniales. Mais il s'accompagne, chez cet humaniste authentique que fut Condorcet, de la croyance dans la « supériorité de nos lumières » – terreau de la formidable effervescence intellectuelle qui prépara la Révolution française –, qui le conduisit à une conviction :

> La marche en avant des peuples des colonies serait plus prompte et plus sûre par ce qu'ils recevraient de nous ce que nous avons été obligés de découvrir, et que pour connaître ces vérités simples, ces méthodes certaines aux-quelles nous ne sommes parvenus qu'après de longues erreurs, il leur suffirait d'en avoir pu saisir les développe-ments et les preuves dans nos discours et dans nos livres.

Au nom de cette civilisation dont il est persuadé que l'Europe (et particulièrement la France) représente l'apogée, Condorcet légitime donc l'impérieuse obliga-tion de hisser les autres peuples à « notre » niveau. Les restrictions qu'il y met – notamment l'obligation d'user de moyens pacifiques –, d'autres penseurs républi-cains, d'autres dirigeants politiques de la IIIe ou de la IVe République, les responsables européens en général n'auront aucun scrupule à les violer, camouflant sous cette « mission civilisatrice » des ambitions autrement plus sonnantes et trébuchantes.

À la fin du XVIIIe siècle, en France comme en Grande-Bretagne, se déployait une campagne contre la traite des esclaves et contre les colonies menée par un courant appelé à un bel avenir, celui des intellectuels libéraux, d'Adam Smith à Edmund Burke. La métropole ne violait-elle pas les principes du marché libre en contraignant ses possessions d'outre-mer à exporter leur production vers son territoire et à y acheter tout ce dont elles avaient besoin ? Cinquante ans plus tard, la plupart des adeptes de ce courant, de James Mill à John Stuart Mill en passant par Alexis de Tocqueville, bien que toujours attachés au libre-échange et au rôle central du marché, abandonneront pourtant les questionnements de leurs prédécesseurs pour appuyer, sans états d'âme, l'expansion européenne. Ce « revirement pro-impérialiste » des libéraux s'explique dans une large mesure, comme le montre l'universitaire américaine Jennifer Pitts, par « l'effacement progressif des théories pluralistes et nuancées du progrès au profit de certaines conceptions beaucoup plus méprisantes de l'"arriération" et d'une dichotomie beaucoup plus tranchée entre barbarie et civilisation[1] ».

Adam Smith accordait à l'étude des communautés humaines une attention soutenue, et il n'aurait certainement pas entériné la formule de Margaret Thatcher selon laquelle « *There is no such thing as society* » (« Il n'existe pas de société »). Il consacra, au contraire, des ouvrages approfondis non seulement aux sociétés

---

1. Jennifer Pitts, *Naissance de la bonne conscience coloniale*, Éditions de l'Atelier, Paris, 2008.

européennes, mais aussi à celles que le Vieux Monde découvrait, de l'Océanie aux Amériques. C'était un universaliste, convaincu que les êtres humains sont tous rationnels et qu'ils appliquent cette rationalité à la résolution de leurs problèmes. Selon lui et ses disciples, aucune culture n'était globalement supérieure ou inférieure aux autres : la diversité des croyances et des mœurs était une réponse à des situations différentes.

Sans jamais céder au relativisme, Adam Smith expliquait ainsi dans sa *Théorie des sentiments moraux,* publiée il y a cent cinquante ans, que la coutume des Amérindiens consistant à mouler les têtes des nouveau-nés, dénoncée par les missionnaires comme absurde et barbare, n'était pas plus saugrenue que le port du corset imposé aux femmes en Europe, dont les effets négatifs étaient connus et néanmoins acceptés. Il condamnait avec force tout ce qui pouvait fonder l'idée d'une supériorité globale des sociétés européennes.

En quelques décennies, le monde va profondément changer. Alors qu'au XVIIIe siècle il était encore multipolaire – en 1800, la plus grosse part de la production manufacturière mondiale s'effectuait en Chine et en Inde –, durant la première moitié du XIXe siècle l'hégémonie du Vieux Continent s'affirme, et ce pour des raisons diverses : avantages tirés de la conquête de l'Amérique ; profits accumulés du commerce triangulaire (Europe-Afrique-Nouveau Monde), dominé par la traite des esclaves ; et, surtout, maîtrise de la technologie et de l'art de la guerre. La multiplication des conflits en Europe donna en effet aux États une capacité à mobiliser leurs ressources pour de longues campagnes militaires, capacité dont ne disposaient pas les immenses empires indien ou chinois, qui déléguaient la défense de leurs lointaines frontières à des potentats locaux ou à des tribus.

Cette capacité militaire et les conquêtes elles-mêmes vont constituer, *a posteriori*, une preuve de la supériorité non seulement militaire et économique, mais aussi « culturelle » et même « morale » du Vieux Continent, supériorité qui s'enracinerait dans des conceptions philosophiques que certains font remonter jusqu'à la Grèce antique. On vit ainsi apparaître, remarque Jennifer Pitts, des arguments selon lesquels la nature progressiste de leur civilisation conférait aux Européens une supériorité morale leur permettant d'agir à leur guise dans les régions « barbares ». La Palestine sera, parmi d'autres, un champ d'application de ces théories.

L'évolution de la politique britannique en Inde en témoigne : au milieu du xixᵉ siècle, l'intérêt naguère porté à la civilisation de ce pays commence à s'estomper.

Il avait antérieurement existé dans les plus hautes sphères de l'administration, note Pitts, une certaine forme d'admiration pour les hauts faits de la culture indienne, y compris parmi les Britanniques œuvrant à l'expansion de l'Empire. Au sein des administrateurs coloniaux du XVIIIe siècle figuraient, en bonne place, des orientalistes admirant la civilisation indienne.

Ces administrateurs avaient même tendance à s'indianiser : ils s'habillaient comme les locaux, adoptaient leurs coutumes, se mariaient à des Indiennes, etc. À partir des années 1850, au contraire, se fixe une vision méprisante des autochtones, laquelle ne se démentira plus jusqu'à l'indépendance.

Dans un ouvrage stimulant et ardu au titre provocateur, *Provincialiser l'Europe*[1], l'historien indien Dipesh Chakrabarty revient sur la conception qui s'est finalement imposée selon laquelle l'Europe préfigurerait l'avenir de l'humanité. Les peuples non européens, explique Chakrabarty, sont assignés à « une salle d'attente imaginaire de l'Histoire », l'attente devenant ainsi une mesure de la distance culturelle qui sépare l'Occident du non-Occident. La notion de progrès, poursuit-il, s'installe dès le XVIIIe siècle, et si « nous » sommes l'avenir, « ils » sont le passé, parfois même notre propre passé : ainsi les Aborigènes d'Australie seront-ils réduits à ressembler à nos ancêtres de la préhistoire, qui n'auraient pas su évoluer. En d'autres termes, Karl Marx écrivait que « le pays le plus

---

1. Dipesh Chakrabarty, *Provincialiser l'Europe*, Éditions Amsterdam, Paris, 2009.

industrialisé montre aux pays moins développés l'image de leur propre avenir ».

En dépit des puissants mouvements universalistes qui ont marqué l'Europe à partir du XVIIIe siècle, et dont les idées étaient en principe peu compatibles avec l'oppression des indigènes, le droit à coloniser s'est donc imposé comme un « droit naturel », voire comme un devoir, de l'Australie à l'Algérie, du Congo à la Cochinchine. En Palestine, il s'agissait aussi d'une « mission sacrée de civilisation » (Henry Laurens). Cependant, à la différence d'autres situations colo-niales, les Palestiniens ne sont pas assignés à une « salle d'attente » de l'Histoire, mais condamnés à en être expulsés définitivement.

CHAPITRE II

Où l'on accompagne la montée des colons vers la Terre promise

Cette scène se passe nulle part, c'est-à-dire en Palestine.

D'après Alfred JARRY, *Ubu roi.*

Voici une cité arabe. Comme *elle* se marie bien au paysage. Ses maisons cubiques, ses terrasses épousent fidèlement la forme des collines sur lesquelles elles sont bâties. Point de recherche. Une sobre, une fluide conformité. Ses habitants font partie du décor. Lents, harmonieux, ils marchent avec une paresse dont ils font de la beauté. Leurs vêtements sont un étonnant ramassis de loques, mais le soleil les a si bien fanées que leurs couleurs deviennent douces et nobles et que ces bergers sordides ont la majesté de rois en guenilles.

Les villes et les hameaux juifs, au contraire, portent la marque de l'Occident, on serait même tenté de dire : de l'Amérique. Ils ont poussé vite, suivant un tracé primitif et brutal. La pluie, le soleil et le vent n'ont pu encore les teindre à l'unisson du paysage. Les colons, avec leurs pantalons de toile et leurs chemises ouvertes, font songer aux pionniers du Far West. Leur activité, leur ardeur au travail, leur soif de produire, tout cela semble heurter le calme horizon et le ciel immobile. Esthétiquement, l'Arabe, sans peine, l'emporte sur le Juif.

Mais quelle rançon est payée par cette supériorité formelle ! Une stagnation sans espoir, la misère d'un pays qui fut fertile, le déboisement, les terres en friche, les marécages pestilentiels, le trachome qui rend aveugle, une proportion terrifiante d'enfants, un manque d'hygiène...

Joseph Kessel est déjà un journaliste célèbre. De son séjour en Palestine il rapporte en 1927 un ouvrage, *Terre d'amour et de feu*. Pendant la Seconde Guerre mondiale, antinazi convaincu, il entrera très tôt dans la Résistance et rédigera avec Maurice Druon *Le Chant des partisans*. Il couvrira également la première guerre israélo-arabe pour le quotidien *France-Soir*.

Après avoir brossé ce tableau de la Palestine des années 1920, il pose une question purement rhétorique :

Qui des deux a raison ? Quel est le plus heureux ? Cette beauté et ce fatalisme valent-ils la malaria, le plus affreux dénuement, les ulcères, la cécité ? Ce problème se pose chaque fois que la civilisation défait l'harmonie des siècles et entre en lutte avec une grandeur si ancienne qu'elle a déjà l'aspect des ruines. Le jugement hésite... et laisse la vie se prononcer.

En Palestine, son verdict est le suivant : avec les méthodes anciennes, le pays nourrissait difficilement quelques centaines de milliers d'hommes, avec les nouvelles, il en pourra nourrir – assure-t-on – plusieurs millions. Les

Arabes sont environ 600 000[1], les Juifs, 150 000. Mais on ne voit presque pas les premiers, les autres sont partout. Des usines fument, les champs portent double moisson, des villes poussent, le désert se reboise. Le travail déjoue les chiffres.

Kessel reprend une idée alors très répandue au sein du mouvement sioniste. Haïm Weizmann, une des figures de ce mouvement, la résumera en 1936, évoquant la lutte du « désert contre la civilisation » :

> Nous entendons des gens dire : « Oui, peut-être, ce que vous avez fait est très bien, mais les Arabes de Palestine étaient habitués à une vie tranquille, ils montaient sur des chameaux ; ils étaient pittoresques ; ils s'intégraient dans le paysage. Pourquoi ne pas les préserver comme un musée ou un parc national ? »

Que l'on condamne les Arabes aux poubelles de l'Histoire ou qu'on se propose de les « préserver » dans quelque zoo, le cadre conceptuel demeure celui de la supériorité européenne et d'un déni de l'humanité des Autres.

De ce fait, les révoltes arabes qui, déjà, ensanglantent la Palestine ne peuvent avoir qu'une seule explication : l'arriération des masses, leur manipulation par les propriétaires terriens, l'influence des féodaux et des privilégiés, craignant... l'exemple des juifs. C'est toujours Kessel qui parle :

---

1. En réalité, à cette époque, ils sont plus de 800 000.

Ils virent des ouvriers payés aux prix européens ; ils virent des hommes qui travaillaient aux champs réclamer leur dû. Des formules étranges de liberté, d'égalité étaient dans l'air. Qu'importait qu'elles fussent prononcées dans une autre langue ? Ces mots sont ceux que l'on comprend le plus vite. Les *effendis* [seigneurs] sentirent leur pouvoir menacé.

À aucun moment ne l'effleure l'idée que les paysans palestiniens pourraient, comme les paysans arabes en Algérie ou les paysans bantous d'Afrique du Sud, se sentir eux-mêmes menacés. Comment Kessel pourrait-il le concevoir alors que lui et ses confrères européens venus en « Terre promise » ne rencontrent aucun Arabe ? « On ne les voit pratiquement pas », comme il le reconnaît lui-même... D'ailleurs, les autochtones sont-ils même capables d'avoir un point de vue ?

Cette perception est résumée par l'orientaliste Maxime Rodinson dans un célèbre texte intitulé « Israël, fait colonial ? », qui fut publié en 1967 dans un numéro spécial de la revue *Les Temps modernes*, dirigée par Jean-Paul Sartre et consacrée au conflit israélo-arabe :

La suprématie européenne avait implanté, jusque dans la conscience des plus défavorisés de ceux qui y partici-paient, l'idée que, en dehors de l'Europe, tout territoire était susceptible d'être occupé par un élément européen. Le cas de l'utopie sioniste n'était pas, de ce point de vue, différent de celui des utopies socialistes du type de l'Icarie de Cabet[1]. Il s'agit de trouver un territoire vide, vide non pas forcément par l'absence réelle d'habitants, mais une sorte de vide culturel. En dehors des frontières de la civilisation […], on pouvait librement insérer, au milieu de populations plus ou moins arriérées et non contre elles, des « colonies » européennes qui ne pouvaient être, pour employer anachroniquement un terme récent, que des pôles de développement.

Une logique d'élimination

Terra nullius : *terra*, « terre », et *nullius*, « personne ». Revenant sur cette expression, le journaliste suédois Sven Lindqvist en précise le sens :

À l'origine, la terre qui n'appartient pas à l'Empire romain. Au Moyen Âge, la terre qui n'appartient à aucun souverain chrétien. Plus tard, la terre qu'aucun pays européen n'a encore revendiquée. La terre qui revient de droit au premier pays européen à l'envahir. Une terre vide. Une terre déserte. Une terre qui redeviendra déserte puisque ses habitants, jugés si peu nombreux, sont les représentants d'une race inférieure, naturellement vouée à la disparition[2].

Toutes les conquêtes européennes ne correspondirent certes pas à cet unique schéma. Dans la plupart

---

1. Étienne Cabet, théoricien politique français (1788-1856), voulait construire une cité idéale ; il tenta une expérience au Texas.

2. Sven Lindqvist, *Terra nullius*, Les Arènes, Paris, 2007.

des cas, les Européens instaurèrent une domination directe ou indirecte sur des territoires que l'on ne pouvait pas, pour diverses raisons, vider de leur population. L'Inde fut la perle de l'Empire britannique pendant environ deux siècles, avec une présence limitée de la métropole ; et la domination européenne sur la Chine s'exerça à travers des concessions. En revanche, en Amérique – du Nord comme du Sud –, en Océanie, en Afrique australe ou en Algérie, il s'opéra un transfert massif de populations blanches.

Ce colonialisme de peuplement se traduisit différemment selon les pays. Dans certains d'entre eux, le nombre de colons surpassa rapidement celui des populations locales, qui se virent éliminées ou marginalisées (Indiens d'Amérique, Aborigènes d'Australie ou d'Océanie). Ailleurs (Afrique australe ou Algérie), cette substitution ne put s'opérer totalement et l'ère des décolonisations permit aux majorités autochtones de reconquérir le pouvoir. Alors que, en 1900, on compte en Amérique du Nord 67 millions d'Européens pour 240 000 Indiens, en Afrique australe, à la même époque, ne résident que 1 million de Blancs pour plusieurs dizaines de millions d'Africains. La Palestine représente un cas intermédiaire et sans équivalent d'équilibre démographique, notamment à partir de la création d'Israël : sur son territoire historique, on compte aujourd'hui presque autant d'Arabes que de Juifs.

Plusieurs études anglo-américaines ont établi de stimulantes comparaisons entre ces diverses expériences de colonialisme de peuplement. Caroline Elkins et Susan Pedersen, deux historiennes américaines, expliquent :

> [Dans tous les cas prévalait à l'égard des autochtones] une logique d'élimination et non d'exploitation : ils [les colons] voulaient moins gouverner les peuples indigènes ou les associer à des projets économiques que prendre leurs terres et les repousser au-delà d'une frontière de plus en plus éloignée [...][1].

Cette logique, bien sûr, n'était pas incompatible avec l'exploitation des indigènes, souvent indispensable à la survie économique de la colonie.

Les premiers colons furent, en général, bien accueillis par les populations locales, qui parfois même les aidèrent à s'installer. Toutefois, dès que leur nombre dépassait un certain seuil, les affrontements surgissaient, avec pour enjeu essentiel le contrôle de la terre. Dès 1890, dans l'État libre d'Orange (État fondé par des Boers qui avaient quitté la colonie du Cap et situé au cœur de l'actuelle Afrique du Sud), 90 % des terres étaient passées aux mains des Blancs ; en Rhodésie, cette proportion frôlait les 30 % en 1936. Pour justifier ces confiscations, tous les prétextes étaient bons. Elles

---

1. Caroline Elkins et Susan Pedersen (dir.), *Settler Colonialism in the XXth Century*, Routledge, New York, Londres, 2005.

s'opéraient souvent par la force, mais parfois aussi par le « droit », car il n'existait pas de titres de propriété chez les indigènes. Ainsi, dans le Sud-Ouest africain, le nomadisme était assimilé par les Blancs à un signe de sauvagerie qu'il fallait réduire en parquant les populations concernées dans des réserves. On perçoit encore les dimensions économique et symbolique du contrôle de la terre dans nombre de situations actuelles, de l'affrontement autour des propriétés contrôlées par les Blancs au Zimbabwe à l'extension des colonies israéliennes en Cisjordanie.

Cette conquête s'appuyait sur l'avance technologique des Européens, mais aussi sur un sentiment arrogant de supériorité largement répandu. Comparant les exemples de l'Amérique du Nord et de l'Afrique australe, Leonard Thompson et Howard Lamar, professeurs d'histoire à l'université Yale, remarquent :

> Dans les deux régions, les immigrants européens transportaient avec eux une attitude ethnocentriste profondément enracinée dans la culture occidentale. Ignorant les besoins des sociétés locales, ils croyaient qu'ils ne privaient leurs habitants de rien s'ils occupaient leur terre sur laquelle ils ne bâtissaient pas, qu'ils ne cultivaient pas ou sur laquelle ils ne faisaient pas paître leurs animaux. Quand ils privaient consciemment les populations locales de leurs ressources, ils supposaient qu'ils étaient en droit de le faire sous prétexte que les terres n'étaient pas suffisamment mises en valeur, ou que leurs coutumes les assignaient à la sauvagerie ou à la barbarie. Durant le

xixe siècle, nombre de Blancs pensaient que les Indiens et les Africains étaient génétiquement inférieurs. [...] Ces stéréotypes méprisants désignant les peuples étrangers comme infra-humains accompagnaient l'idéologie d'expansion et créaient les conditions pour des atrocités, voire les encourageaient. Ainsi, dans les deux régions, les Blancs pouvaient, quand ils l'estimaient nécessaire, faire taire tout scrupule moral dans la recherche de leurs propres intérêts au détriment des sociétés locales[1].

Malgré leur diversité religieuse, nationale ou sociale, tous les colons européens, écrivent ces auteurs,

se pensaient comme appartenant à la même civilisation, distincts des natifs américains et des Africains du Sud. Leurs premières impressions s'appuyaient sur leurs différences physiques, leurs habits et leur manière de parler. Et ces préjugés étaient renforcés quand ils faisaient l'expérience des attitudes des natifs à l'égard de la propriété – notamment de la terre –, des systèmes politiques, des relations sociales et des coutumes du mariage autochtones, ainsi que des rituels indigènes et cosmologiques[2].

Cette homogénéité des conquérants contrastait avec l'hétérogénéité des autochtones, dont les Européens surent toujours jouer, dressant une tribu contre l'autre, un clan familial contre un autre. Ainsi, en 1840, dans le Natal (autre province d'Afrique du Sud), les armées du roi

---

1. Leonard Thompson et Howard Lamar (dir.), *The Frontier in History*, Yale University Press, New Haven, 1981.
2. *Ibid.*

zoulou furent défaites par les Boers alliés à d'autres zoulous qu'avait mobilisés le propre demi-frère du souverain.

Enfin, dernier trait commun fort justement souligné
par Caroline Elkins et Susan Pedersen, aucune de ces
colonies de peuplement n'aurait pu se développer sans
l'appui décisif d'une métropole, même si elles cher-
chèrent, à un moment ou à un autre, à s'émanciper
partiellement ou totalement de cette dernière.

Ces caractéristiques – conquête de la terre, refoulement des autochtones, appui d'une métropole – furent
aussi les ingrédients de l'entreprise sioniste, dont le
succès tint avant tout au soutien résolu qu'elle reçut du
gouvernement de Londres.

Défendre la civilisation

Le mouvement sioniste émerge au XIXe siècle. Jamais
auparavant les juifs n'avaient aspiré à construire un
État en Palestine ni où que ce soit ailleurs. Mais l'éveil
des nationalités au XIXe siècle en Europe de l'Est, dans
les Empires austro-hongrois, tsariste et ottoman, la
revendication d'autodétermination des Serbes, des
Croates et des Polonais, inspirent certains éléments de
l'intelligentsia juive, qui cherchent alors à créer un
mouvement similaire. Le sionisme politique se distingue toutefois de ces mouvements européens en ce qu'il
réclame un « droit au retour » sur un territoire lointain,

la Palestine – il a d'abord envisagé l'Argentine et même l'Ouganda comme terres d'accueil.

Dès l'origine, les idéologues du « retour des juifs » en Palestine partagent deux traits majeurs de la pensée coloniale : la conviction d'œuvrer « pour le progrès, contre la barbarie », et l'obligation de trouver une puissance protectrice pour leur entreprise.

Peu connu, le roman du fondateur du sionisme politique, Theodor Herzl, intitulé *Altneuland* et publié en 1902, décrit comme une utopie réalisée l'État juif en Palestine :

> Au début, quelques sceptiques ne crurent pas au succès d'une colonisation des prolétaires. Mais lui, docteur Walte, et tous ceux qui voyaient les choses d'un peu plus haut, avaient réalisé d'emblée la stupidité d'une telle attitude. L'histoire n'était-elle pas pleine de pays construits par les affamés ? Les repus n'ont pas besoin de reculer les frontières de la civilisation. Les repus restent chez eux. Le monde appartient aux affamés ! Les puritains, inquiétés dans leur foi, peuplèrent l'Amérique du Nord. Les aventuriers s'établirent aux Indes ou en Afrique du Sud. Et où trouver une colonie fondée par des hommes pires que ceux qui firent l'Australie ? Au début du XIXe siècle, c'était une colonie pénitentiaire méprisée. En quelques décennies, elle devint un grand pays. À la fin du siècle, c'était l'un des joyaux de la Couronne britannique[1].

Présentant la traduction française de l'ouvrage, l'écrivain-journaliste Paul Giniewski, propagandiste

---

1. Theodor Herzl, *Le Pays ancien-nouveau*, Stock, Paris, 1998, préface de Paul Giniewski.

inconditionnel d'Israël et apologiste stipendié de l'apartheid en Afrique du Sud, note ce paradoxe :

> L'État juif herzlien n'est assorti d'aucun des ornements que l'on plaquait, en son temps, pour indiquer une origine juive. Il en est, au contraire, spectaculairement exempt. Herzl a campé un État juif à peine juif, mais sa vision est si juste que l'Israël d'aujourd'hui est à la ressemblance étroite de son modèle.

Et il ajoute :

> Comment s'étonner de ne trouver [ici] qu'un petit nombre de touches juives, artificiellement plaquées[1] ?

Giniewski souligne à juste titre que le projet de Herzl a peu à voir avec le judaïsme et beaucoup avec une vision de la civilisation – on devrait plutôt dire une vision coloniale.

Comme on le sait, Herzl envisagea, outre la Palestine, d'autres terres à coloniser. Le 12 juillet 1903, il note dans ses carnets que l'État du Congo, alors sous le contrôle du roi belge Léopold II, est suffisamment vaste pour accueillir son projet. Lors du troisième congrès de l'Organisation sioniste, tenu à Londres en 1900, Theodor Herzl explique :

> Le problème asiatique, [il fait référence à ce que certains nomment le « péril jaune »] devient de jour en jour plus

---

1. *Ibid.*

grave et je crains qu'il ne devienne dans quelque temps sanglant. Les pays civilisés ont donc un intérêt d'autant plus grand à voir établir sur la route de l'Asie, sur la route la plus courte de l'Asie, une station de culture dont profiterait l'humanité évoluée.

Il avait déjà écrit, dans son ouvrage fondamental *L'État des juifs* (1896), que cet État serait « l'avant-garde de la civilisation contre la barbarie ».

Max Nordau (1849-1923), cofondateur avec Herzl de l'Organisation sioniste, expliquait :

> Nous ne deviendrons pas des Asiatiques en Palestine, pour ce qui est de l'infériorité anthropologique et culturelle, pas plus que les Anglo-Saxons ne sont devenus des Indiens en Amérique du Nord, des Hottentots en Afrique du Sud ou des membres des tribus papoues en Australie.

On a beaucoup glosé sur la formule « Une terre sans peuple pour un peuple sans terre ». Il est difficile d'en retrouver l'origine, mais elle a été fréquemment employée au cours du XIXe siècle par des penseurs chrétiens convaincus que le retour des juifs en Palestine marquerait le début de l'accomplissement d'une promesse divine, ou encore par des politiciens britanniques qui y voyaient un moyen de consolider leur contrôle sur la route des Indes et, plus accessoirement, de promouvoir la « civilisation ». Israel Zangwill, l'un des fondateurs de l'Organisation sioniste – qu'il quittera en 1905 pour se rallier à l'idée de la création d'un État juif en dehors de la Palestine –, a utilisé cette formule au début du XXe siècle, mais par la suite elle a peu été reprise par le mouvement. Pourtant, elle résume l'essence de la politique européenne et sioniste...

Herzl avait compris que son rêve ne pouvait se concrétiser sans l'appui des grandes puissances. Après le premier congrès sioniste de Bâle (août 1897), il multiplie les voyages et les contacts pour défendre son idée. Sans grand succès... L'Empire ottoman craint que ne se crée sur son territoire un nouveau problème national, après ceux des Grecs ou des Serbes, débouchant sur une sécession supplémentaire. Le Royaume-Uni se cantonne dans l'expectative, de même que l'Allemagne, malgré deux rencontres entre Herzl et le Kaiser. Seul paraît séduit le ministre russe de l'Intérieur Viatcheslav Konstantinovitch Plehve, antisémite notoire et promoteur de mesures discriminatoires contre les juifs. Dans une lettre du 30 juillet 1903, il assure que son pays ne peut être que « favorable » à une politique qui viserait à « créer un État indépendant en Palestine » et à « organiser l'émigration de Russie d'un certain nombre de ses sujets russes ». Il promet même d'intervenir en ce sens auprès de Constantinople (dont dépend la Palestine). Mais il est assassiné l'année suivante.

Troublante convergence

Situation des plus paradoxales : les antisémites sont parfois les premiers à avoir soutenu le projet sioniste, dans la mesure où celui-ci leur permettait de se débarrasser des juifs en les envoyant dans un pays tiers, en l'occurrence la Palestine. Le philosophe Johann Gottlieb Fichte résumait, dès le XVIIIe siècle, le refus par nombre d'intellectuels allemands de la présence juive : « Je ne vois pas d'autre moyen de nous protéger des juifs sinon de conquérir leur terre promise pour eux et de les y envoyer tous[1]. »

Au Royaume-Uni, en revanche, l'antisémitisme se développera surtout au début du XXe siècle, fondé sur un rejet de l'immigration juive en provenance d'Europe de l'Est et de Russie – le flux avait quintuplé entre 1880 et 1920, passant de 60 000 à 300 000 personnes. Un rapport officiel notait en 1903 : les juifs « ne s'assimilent pas et ne se marient pas avec les natifs, devenant ainsi un corps distinct », et leur présence en grand nombre dans certains quartiers perturbe le « dimanche chrétien ». À relire les journaux et les discours britanniques de l'époque, on se croirait face à des propos d'aujourd'hui sur... les musulmans. L'homme qui fit adopter en 1905 par le Parlement

---

1. Cité par Victor Kattan, *From Coexistence to Conquest*, Pluto Press, Londres, 2009.

britannique la loi la plus restrictive contre l'immigration juive ne fut autre que lord Arthur James Balfour,
celui-là même qui « promettra » la Palestine aux juifs
douze ans plus tard. La même année, alors qu'il était
ministre des Affaires étrangères, il refusa d'intercéder
en faveur des juifs de Russie, pays pourtant allié, expliquant que, compte tenu des caractéristiques des juifs,
on pouvait comprendre que le gouvernement tsariste
veuille les maintenir dans un statut inférieur.

L'alliance « objective » entre le projet sioniste et les
antisémites, Herzl la revendique ouvertement, jusque
dans ses conséquences manœuvrières les plus cyni-
ques. Après avoir écrit dans ses carnets qu'il pousserait
les antisémites à liquider les « richesses juives », allant
même jusqu'à souligner que les persécutions « aide-
raient » le mouvement, il affirme :

> L'antisémitisme [...] ne sera pas nuisible pour les juifs, au
> contraire il aidera à forger leur caractère et leur éducation.
> [...] L'éducation ne peut avoir lieu qu'à travers la souf-
> france, et les juifs s'adapteront.

Il est certain, en effet, que le nombre de candidats à
l'émigration ne pouvait que croître avec les persécutions subies.

Quand il meurt, en 1904, Herzl laisse un héritage
considérable : son mouvement a réussi à se doter d'un
programme, à se structurer, à commencer à s'implan-
ter parmi les Juifs. Sur le plan diplomatique, en revanche,

les avancées sont modestes. Le véritable tournant s'amorce avec la Première Guerre mondiale, lorsque les puissances alliées préparent le dépeçage de l'Empire ottoman, l'« homme malade de l'Europe », selon la formule consacrée de l'époque.

Les choix britanniques

Londres décide de mettre tout son poids dans la balance. Le 2 novembre 1917, dans une lettre qui deviendra célèbre sous le nom de « déclaration Balfour », le ministre britannique des Affaires étrangères annonce à lord Walter Rothschild, importante personnalité de la communauté juive britannique, que « le gouvernement de Sa Majesté envisage favorablement l'établissement en Palestine d'un Foyer national pour le peuple juif ». Cette déclaration suscite l'hostilité d'un certain nombre de juifs britanniques qui se veulent des sujets loyaux de l'Empire et qui craignent qu'un tel texte ne jette une ombre sur leur attachement au Royaume-Uni.

La promesse britannique a fait l'objet de bien des commentaires et d'innombrables études. L'ouverture des archives diplomatiques permet de détruire quelques mythes et montre que le mouvement sioniste ne joua qu'un rôle secondaire dans cette décision. C'est Londres, et Londres seule, qui, pour des raisons stratégiques (ajoutées à sa volonté de détourner le flux des immigrants juifs), décida de porter le projet d'un « foyer national » juif.

La Palestine et son avenir obsédaient le Royaume-Uni au moins depuis la conquête de l'Égypte, en 1882. Ce territoire occupait une place stratégique pour la protection du canal de Suez, ligne vitale de communication avec l'Inde. Durant la Première Guerre mondiale, les plans de démantèlement de l'Empire ottoman, allié à l'Allemagne dans le conflit, et les ambitions de la France sur les Lieux saints avaient ravivé cet intérêt. Si Londres avait négocié secrètement avec Paris le partage du Proche-Orient (accords Sykes-Picot de 1916), cet arrangement n'en était pas moins insatisfaisant pour le Royaume-Uni, car il impliquait l'internationalisation de la Palestine. Partager la Terre sainte avec la France, c'était perdre le contrôle d'un espace stratégiquement décisif.

En 1918, tandis que sa puissante armée se déployait au Proche-Orient à partir de l'Égypte, le gouvernement britannique se sentit en position de force pour renégocier. Il prit alors contact avec Haïm Weizmann et d'autres leaders sionistes et les utilisa pour obtenir des Français qu'ils renoncent à toute prétention sur la Palestine et acceptent que celle-ci passe sous contrôle britannique plutôt que sous tutelle internationale ou franco-britannique ; en échange, Paris obtiendrait des droits plus étendus en Syrie et au Liban.

En 1920, le secrétaire britannique à la Guerre, Winston Churchill, écrivait :

> S'il devait se créer au cours de notre vie un État juif sur les rives du Jourdain, sous la protection de la Couronne britannique, avec trois ou quatre millions de juifs, ce serait un événement historique qui serait à tout point de vue bénéfique et serait particulièrement en accord avec les intérêts réels de l'Empire britannique.

Et Weizmann, dans une lettre à Churchill de juillet 1921 – lettre que finalement il n'enverra pas parce qu'elle était « trop franche » –, expliquait qu'une Palestine juive permettrait à Londres de mieux défendre le canal de Suez et l'Égypte.

Premier ministre britannique depuis décembre 1916, David Lloyd George joua un rôle prépondérant dans le soutien aux sionistes, avec des arguments véhiculant les pires clichés antisémites. Comme le rapporte l'historien israélien Tom Segev, il était convaincu que la « race juive » était dotée « d'un pouvoir considérable, capable d'infléchir le cours de la guerre » :

> Selon Lloyd George, les juifs étaient guidés par leurs seuls intérêts financiers. Ils avaient le pouvoir d'influencer les États-Unis pour qu'ils interviennent rapidement dans la guerre [ils le feront en avril 1917]. Les juifs, véritables instigateurs de la Révolution russe[1], pouvaient agir sur les relations de la Russie avec l'Allemagne. [...] En réalité,

---

1. La révolution de février 1917, qui mit à bas le tsarisme.

les juifs offraient leurs services au plus offrant. Si les Britanniques ne s'étaient empressés de gagner leurs faveurs, les Allemands auraient pu prendre leur place. [...] La Grande-Bretagne n'avait guère d'autre choix : elle devait sceller une alliance avec le judaïsme[1].

C'est donc « tout naturellement » que le Royaume-Uni reçut de la SDN, le 24 juillet 1922, un mandat pour la Palestine qui intégrait la « promesse Balfour ». Le « mandat » couvrait d'habits nouveaux une tutelle européenne qui ne pouvait plus se proclamer de droit divin. L'époque n'était plus au colonialisme triomphant et à l'extermination des populations locales au nom de l'« avancée de la civilisation » : tandis que les dirigeants bolcheviques allaient, en novembre 1917, dévoiler les accords secrets franco-britanniques de partage du Proche-Orient et appeler au soulèvement des peuples d'Orient, le président américain Thomas Woodrow Wilson, de son côté, énonçait, le 8 janvier 1918, les quatorze points de son célèbre programme défendant le droit à l'autodétermination des peuples. Désormais, la domination européenne devait se camoufler et emprunter le langage du droit, dont résulte l'article 22 du pacte de la Société des Nations :

Certaines communautés qui appartenaient autrefois à l'Empire ottoman ont atteint un degré de développement

_____

1. Tom Segev, *C'était en Palestine au temps des coquelicots*, Liana Lévi, Paris, 2000.

tel que leur existence comme nations indépendantes peut être reconnue provisoirement, à la condition que les conseils et l'aide d'un mandataire guident leur administration jusqu'au moment où elles seront capables de se conduire seules. Les vœux de ces communautés doivent être pris d'abord en considération pour le choix du mandataire.

À la différence des stipulations de la SDN concernant le Proche-Orient, les territoires africains ne bénéficiaient pas de tels privilèges :

Le degré de développement où se trouvent d'autres peuples, spécialement ceux de l'Afrique centrale, exige que le mandataire y assume l'administration du territoire à des conditions qui, avec la prohibition d'abus tels que la traite des esclaves, le trafic des armes et celui de l'alcool, garantiront la liberté de conscience et de religion, sans autres limitations que celles que peuvent imposer le maintien de l'ordre public et des bonnes mœurs, et l'interdiction d'établir des fortifications ou des bases militaires ou navales et de donner aux indigènes une instruction militaire, si ce n'est pour la police ou la défense du territoire, et qui assureront également aux autres membres de la Société des conditions d'égalité pour les échanges et le commerce.

La tutelle s'imposait alors au nom de la lutte contre l'esclavagisme et de la défense de la liberté de conscience. Quelques décennies plus tard, la défense des « droits de l'homme », de l'émancipation des femmes et de la démocratie fournira l'habillage idéologique nécessaire aux entreprises les plus brutales de guerre et de domination occidentales.

À partir de 1922, le Royaume-Uni s'engagea à favoriser l'immigration juive en Palestine et, jusqu'en 1939, il s'y tint fermement. De 60 000 en 1920, le nombre de juifs en Palestine passa à 450 000 en 1940. Et les droits des autochtones ? Lord Balfour répondait à ce délicat problème avec une désarmante franchise dans un mémorandum en date du 11 août 1919 :

> Les quatre grandes puissances sont engagées vis-à-vis du sionisme. Et le sionisme, qu'il ait tort ou raison, qu'il soit bon ou mauvais, est enraciné dans une longue tradition, dans les besoins actuels, dans les espoirs futurs d'une importance bien plus profonde que la volonté et les préjugés de 700 000 Arabes qui vivent maintenant sur cette terre ancienne.

Durant ces années 1920-1930, le sionisme trouva un ardent défenseur en la personne de l'influent dirigeant sud-africain Jan Smuts, que nous avons déjà cité et qui joua un rôle majeur tant dans la politique coloniale britannique que dans l'adoption de la déclaration Balfour. Comme beaucoup de Blancs sud-africains (en grande majorité protestants), il était marqué par le rôle de la Bible dans la geste des premiers immigrants en Afrique du Sud. Le 3 novembre 1918, devant l'Organisation sioniste sud-africaine, il explique :

> Je n'ai pas besoin de vous rappeler que le peuple blanc d'Afrique du Sud et tout particulièrement les plus vieux émigrants néerlandais ont été presque entièrement éduqués à partir de la tradition juive. L'Ancien Testament, le

plus bel exemple de littérature jamais produit par des cerveaux humains, a été la matrice de la culture néerlandaise dans ce pays. Cela est la base de notre culture en Afrique du Sud, c'est la base de la culture blanche et c'est la base de la culture juive.

Weizmann noua une amitié durable avec Smuts et se rendit en Afrique du Sud en 1931 pour lever des fonds. Il ne trouva rien à redire au système de ségrégation déjà en place à l'encontre des populations noires ou métisses...

Terre juive, travail juif

Qu'est-ce qui animait les immigrants juifs en Palestine ? L'idéologie, parfois ; la nécessité de trouver un refuge sûr, notamment après la multiplication des pogroms antisémites en Russie dans le dernier quart du XIXe siècle ; le goût de l'aventure, l'attrait de l'Orient, l'envie d'une vie meilleure... Tout cela, sans doute. Mais aussi, souvent, une bonne dose d'idéalisme, dont Edward Said note qu'il a toujours accompagné les entreprises coloniales. Médecins, instituteurs ou missionnaires voulaient « sauver » les populations autochtones d'Afrique. En Palestine, les immigrants juifs rêvaient aussi d'un monde nouveau. Et, à l'aune de celui-ci, que pèse le voisin arabe « arriéré » ?

Dans une lettre à son ministre des Affaires étrangères datée du 29 novembre 1924, le consul de France à Jérusalem notait :

> Dans les colonies coopératives tout est *indivis*, le sol, les instruments de travail, les bénéfices, le plus souvent les repas se prennent en commun, tous les enfants sont rassemblés dans une nursery où l'une des femmes s'occupe d'eux. Ce système a, sous le rapport de la culture, des inconvénients graves qu'il est superflu de signaler, mais les chefs sionistes s'y résignent parce qu'il satisfait cette espèce de curiosité, d'inquiétude des formules sociales nouvelles qui tourmente l'âme de la plupart de leurs recrues. Celles-ci n'ont pas la prétention seulement de défricher la Palestine mais d'ouvrir des routes nouvelles à toute l'humanité. Le sionisme, ne vivant que d'un appel aux forces morales, aux traditions nationales, doit utiliser tout ce qu'il fermente de vieilles passions communistes au cœur d'Israël.

Ces « vieilles passions communistes » ne gêneront nullement la puissance mandatrice. Dès l'entrée des troupes britanniques à Jérusalem, sous le commandement du général Edmund Allenby, en décembre 1917, se crée un « comité des délégués » qui, selon Tom Segev, fut « *de facto* le premier gouvernement sioniste ». L'article 4 du mandat devait l'institutionnaliser :

> Un organisme juif convenable sera officiellement reconnu et aura le droit de donner des avis à l'administration de la Palestine et de coopérer avec elle dans toutes les questions économiques, sociales et autres,

susceptibles d'affecter l'établissement du foyer national juif et les intérêts de la population juive en Palestine.

L'Organisation sioniste tiendra ce rôle, remplacée par l'Agence juive en 1929. À chaque étape, Londres coordonnera sa politique avec cette institution, notamment pour ce qui concerne l'immigration : ce sont les sionistes qui seront seuls compétents pour choisir les candidats et pour superviser, dans les différents pays, les formalités nécessaires.

Que signifiait alors la reconnaissance de la Palestine comme nation devant être guidée vers son indépendance ? En Irak ou en Transjordanie, selon les termes du mandat décidé par la SDN, Londres mettait en place une administration locale qui servirait de matrice au futur État. En Palestine, au contraire, les tentatives pour constituer un conseil législatif unifié entre Juifs et Arabes ne pouvaient qu'échouer, puisque ce conseil avait pour vocation de mettre en œuvre la déclaration Balfour : c'était demander aux Palestiniens d'être les acteurs de leur propre dépossession. On leur reproche souvent d'avoir manqué de la souplesse, du sens tactique et du pragmatisme qui caractérisaient le mouvement sioniste. C'est peut-être vrai : la clairvoyance politique et la justice ne se confondent pas. Mais quel peuple accepterait de bonne grâce de voir s'en installer un autre à sa place ? Durant la guerre de 1948-1949, tandis que les armées arabes envahissaient la Palestine, le philosophe israélien Martin

Buber, partisan de la coopération judéo-arabe, s'interrogeait :

> Qui nous a attaqués ? Ceux qui ont eu le sentiment d'être attaqués par nous, par notre conquête pacifique [et qui] nous accusent d'être des voleurs. [Comment les Palestiniens pourraient-ils être convaincus par l'argument que ce pays] était le nôtre il y a deux mille ans ? [...] Espérons-nous vraiment que cette justification sera acceptée sans discussion, et l'accepterions-nous si nous étions à leur place ?

Toutes les entreprises de colonisation de peuplement se sont heurtées à une résistance opiniâtre, de l'Amérique du Nord à l'Australie en passant par l'Algérie et l'Afrique du Sud. Et le caractère réputé « barbare » des autochtones refusant le « progrès » et assassinant femmes et enfants a toujours été le *leitmotiv* des colons en butte à l'hostilité des populations qui refusaient de se laisser déposséder.

Le contrôle des terres fut, en Palestine comme partout où s'installaient des colons, au cœur de l'affrontement. Dès 1901, le Fonds national juif avait été chargé de leur achat à des propriétaires (*effendis*) qui, souvent, vivaient à Beyrouth ou à Damas. Après 1918, des terres d'État seront cédées par les Britanniques et d'autres seront confisquées aux bédouins ne disposant pas de titres de propriété. Bien que la quasi-totalité des terres eût été transférée « légalement » à des colons, la question agraire fut au centre du conflit et suscita les premières violences. Car la dépossession faisait perdre au paysan palestinien une partie de son identité. Ici comme ailleurs, il ne s'agissait pas seulement d'un problème économique, mais d'une déstructuration de la société. Évoquant, dans une magnifique enquête, la situation des Aborigènes en Australie, la journaliste Chloe Hooper écrit :

> On savait que la terre constituait le cœur de l'identité abo-
> rigène, qu'en fait les *blackfellas* se percevaient comme
> inséparables de cette terre. Pas de terre, cela signifiait pas
> de rêve, et pas de rêve pas d'identité, pas de signification.
> Le Temps de la fureur[1], ce fut, entre autres choses, un vio-
> lent bouleversement religieux[2].

Ne plus avoir de terres à labourer signifiait, de la même façon, une perte de statut pour les Palestiniens, d'autant que celles-ci leur devenaient définitivement interdites. Les terres achetées étaient considérées comme « propriété inaliénable du peuple juif ». Elles ne pouvaient être cédées à un non-juif (selon les statuts de l'Agence juive). En 1939, plus de 25 % des terres cultivables étaient contrôlées par l'Agence juive. Et les visiteurs de la Palestine, comme Joseph Kessel,

---

1. C'est sous ce nom que l'on désigne le dernier quart du xixe siècle en Australie, période marquée par des violences et des massacres commis par les Blancs.
2. Chloe Hooper, *Grand Homme*, Christian Bourgois, Paris, 2009.

pouvaient s'extasier, à juste titre, sur les réussites agricoles – fondées sur d'abondants capitaux et sur un usage moderne de la terre –, même si, dans leur grande majorité, les juifs étaient citadins.

Parallèlement se poursuivait la « conquête du travail » : les métayers arabes qui cultivaient les terres achetées par le Fonds national juif furent renvoyés et des dizaines de milliers de paysans se retrouvèrent paupérisés, cette politique d'exclusion se poursuivant avec l'aval de Londres. Le Premier ministre britannique écrivait ainsi le 13 février 1931 :

> Le gouvernement de Sa Majesté ne conteste aucunement le droit de l'Agence [juive] à formuler, approuver ou pratiquer cette politique. Le principe de la préférence et, de fait, de l'exclusivité de la main-d'œuvre juive par les organisations juives est un principe que l'Agence juive est justifiée d'affirmer.

Dès 1920, la Histadrout (la centrale syndicale socialiste) décida d'exclure statutairement de ses rangs les travailleurs non juifs. La commission Shaw, créée après les affrontements judéo-arabes de 1929, notera que l'engagement sioniste à ce que l'immigration soit organisée en fonction de la capacité d'absorption économique de la Palestine n'avait pas été respecté, et relèvera que, entre 1921 et 1929, « nombre d'Arabes furent dépossédés sans qu'on prît la précaution de mettre à leur disposition d'autres terres ».

Pourtant, quelques jours avant l'adoption du mandat, en juillet 1922, Londres avait obtenu de l'Organisation sioniste l'approbation de son livre blanc, qui excluait la création d'un État juif et prétendait vouloir respecter le droit des autochtones. Comme le note Maxime Rodinson :

> L'histoire de cet accord est instructive, mais surtout comme illustration en milieu juif de ce que l'on appelle en arabe *katmân* ou *taqiyya*, la dissimulation systématique que pratiquaient les mystiques hétérodoxes à l'égard de leurs idées ou de leurs buts.

On pourrait reconnaître, plus banalement, que cette pratique ne se limite pas aux groupes religieux, et qu'aujourd'hui encore elle concerne nombre d'organisations politiques.

Pour réussir, le mouvement sioniste sut utiliser ces « vieilles passions communistes » qui animaient une partie du Yichouv – terme qui désigne la communauté des colons juifs en Palestine. Dans un travail approfondi[1], l'historien israélien Zeev Sternhell démontre que les structures collectives agricoles ne s'inscrivaient nullement dans un projet égalitaire. La mise en place, d'un côté, du moshav – une coopérative de fermes individuelles – et, de l'autre, du kibboutz collectiviste visait à remédier aux manques de l'agriculture privée

---

1. Zeev Sternhell, *Aux origines d'Israël. Entre nationalisme et socialisme*, Fayard, Paris, 1998.

juive, qui rechignait à se débarrasser de la main-d'œuvre arabe, moins chère et plus productive que les colons fraîchement débarqués de Russie. Le kibboutz, par ailleurs très militarisé – « une main sur la charrue, l'autre sur le glaive » –, garantissait le maillage du territoire, premier pas vers sa conquête. En 1944, le succès était indéniable : sur les 250 colonies juives, on comptait une centaine de moshav et plus de 110 kibboutz ; ne subsistaient plus qu'une quarantaine de propriétés gérées par des paysans individuels – ces derniers, souvent privés d'aide par l'Agence juive, ayant vu la surface des terres qu'ils cultivaient diminuer des deux tiers depuis les années 1920.

Colonisation de peuplement, la « montée » en Palestine ne suivit pas des chemins très différents de ceux qu'avaient empruntés les Blancs en Algérie, en Afrique du Sud ou en Australie. Partout, la même politique de conquête de la terre et de « refoulement » des autochtones – même si l'attitude à l'égard des populations locales put différer, oscillant entre extermination, expulsion, apartheid et, parfois, assimilation.

Le refoulement des autochtones

Selon l'anthropologue australien Patrick Wolfe, la « logique de déplacement », l'élimination des sociétés indigènes se cachent au cœur du colonialisme de peuplement. Et, « du point de vue des autochtones, les circonstances particulières et les intentions n'importent guère. Leur problème est que, aux mains des colons, ils sont victimes d'élimination[1] ».

Divers courants traversaient le mouvement sioniste, et certaines de ses composantes se prononcèrent même pour une alliance judéo-arabe. D'autres, ou parfois les mêmes, professaient une idéologie socialiste radicale, mais elles furent incapables de résoudre la contradiction entre leur discours et leur pratique nationaliste étroite, dont le résultat était le refoulement des populations locales, si possible au-delà des frontières. Même les kibboutz du Mapam, parti sioniste-socialiste, n'hésiteront pas à spolier les villages palestiniens.

Le choix de la coopération judéo-arabe était d'autant plus fragile que peu de formations palestiniennes pouvaient accepter la légitimité de la revendication sioniste sur la Palestine. On retrouve là cette caractéristique du colonialisme de peuplement analysée par Patrick Wolfe : de manière consciente ou non, de manière organisée ou non, il aboutit toujours au refoulement et parfois à l'extermination des populations autochtones.

---

1. Patrick Wolfe, *Settler Colonialism and the Transformation of Anthropology*, Cassel, Londres, 1999.

Les multiples archives désormais accessibles, notamment celles de l'Agence juive et du jeune État d'Israël, ne laissent aucun doute quant à la volonté d'expulsion des Palestiniens, même si le mouvement sioniste la travestissait sous un langage de paix. David Ben Gourion, président de l'Agence juive à partir de 1935 et considéré à juste titre comme le fondateur de l'État d'Israël, dont il deviendra Premier ministre en 1948, ne s'en est jamais caché dans ses correspondances privées. En 1937, la commission britannique Peel, créée à la suite de la grande révolte palestinienne déclenchée l'année précédente contre le mandat britannique et l'immigration juive, proposa pour la première fois le partage de la Palestine en deux États. Réagissant à ses conclusions, Ben Gourion nota qu'un point compensait, selon lui, tous leurs aspects négatifs : « le transfert obligatoire des Arabes des plaines ». Il écrivit dans son journal :

> Si nous ne sommes pas capables d'enlever les Arabes de là où nous sommes et de les envoyer dans les zones arabes [...], alors ce sera encore plus difficile à faire après la création de notre État.

La commission Peel, dont le gouvernement britannique ne mit jamais en œuvre les résolutions, proposait un « transfert » de populations. Elle invoquait le précédent du conflit gréco-turc de 1922, où 1 300 000 Grecs et 400 000 Turcs avaient été « échangés ». En 1937, en

Terre sainte, pouvait-on parler d'un échange quand 225 000 Palestiniens (plus de 20 % du total) devaient abandonner leur foyer pour faire place à... 1 250 Juifs ?

C'est durant cette période (1936-1937) que Ben Gourion passa de l'idée d'un transfert volontaire à celui d'un transfert forcé. Le 5 octobre 1937, il écrivait à son fils :

> Nous devons expulser les Arabes et prendre leur place... Et si nous devons utiliser la force – pas pour déposséder les Arabes du Néguev et de la Transjordanie, mais pour garantir nos droits à nous installer dans ces régions –, alors nous avons la force à notre disposition.

Weizmann, pourtant considéré comme plus modéré, arriva aux mêmes conclusions. Dans une lettre du 14 août 1937 adressée au président de la commission permanente des mandats, il notait que le transfert présentait « de nombreux et substantiels avantages ». Et il ajoutait :

> De même qu'après la conquête du Caucase par la Russie nombreux furent les musulmans qui préférèrent émigrer vers la Turquie plutôt que de rester sous domination des « infidèles », de même, après la création de l'État juif, très nombreux seront les musulmans, et peut-être quelques autres aussi [il fait allusion aux chrétiens], qui voudront s'en aller.

Ailleurs, en Europe ou aux États-Unis, on partageait le même point de vue.

Dans une lettre de décembre 1942 à son secrétaire au Trésor, Henry Morgenthau, le président Roosevelt écrivait :

> Je mettrai des barbelés tout autour de la Palestine. [...] Je procurerai des terres aux Arabes dans d'autres parties du Proche-Orient. [...] Et chaque fois que nous ferons partir une famille arabe, nous ferons venir une famille juive.

En 1944, la conférence du Parti travailliste britannique – lequel était encore dans l'opposition mais allait remporter les élections de 1945 et appliquer une politique plus dure à l'égard de l'activisme violent des groupes sionistes – vota une résolution en faveur du « transfert » de la population en Palestine :

> Encourageons les Arabes à partir et les Juifs à s'installer. [...] Les Arabes ont de vastes territoires à leur disposition et ils ne peuvent donc exclure les Juifs de ce petit territoire qu'est la Palestine, moins étendu que le pays de Galles.

La lutte finale

Malgré la venue en nombre d'hommes et de femmes se réclamant d'une origine juive, le contrôle de la terre, le maillage du territoire et l'édification d'institutions politiques et économiques, il manquait encore un pilier pour que soient achevées les fondations d'un État juif : les forces armées. Paradoxalement, la grande révolte palestinienne de 1936-1939 favorisa le franchissement de cette étape. Non seulement parce que le Royaume-Uni écrasa le soulèvement sans pitié et détruisit ainsi durablement tout mouvement politique palestinien autonome, mais parce que, à partir de cette date, il aida le mouvement sioniste à consolider et à étendre l'appareil militaire qui lui permettrait de vaincre en 1947-1949.

La Haganah, organisation de « défense » juive, avait été créée en 1920, mais elle n'était pas reconnue par les autorités britanniques. À partir de 1936, Londres contribua activement à son armement. David Ben Gourion reconnut cette collaboration avec l'armée de Sa Majesté ainsi que l'entraînement militaire donné à des centaines de militants, dont certains deviendront des cadres de l'armée israélienne, comme Yigal Yadin ou Moshe Dayan. Les Special Night Squads (escadrons spéciaux nocturnes), créés avec l'aide du major britannique Charles Wingate, furent, écrivit Ben Gourion, « un pas pratique dans la création d'une force militaire juive dans le cadre de l'armée britannique[1] ».

L'année 1939 marqua toutefois un tournant dans l'histoire de la Palestine sous mandat britannique. À la veille de la Seconde Guerre mondiale, le Royaume-Uni tenta en effet de se concilier les pays arabes. Dans ce

---

1. *Jewish Observer and Middle East Review*, 20 septembre 1963.

but, il publia un nouveau livre blanc qui, à rebours de sa politique antérieure, limitait fortement l'immigration juive en Palestine ainsi que l'achat de terres et qui prévoyait, dans les cinq ans, l'établissement d'un État palestinien indépendant « dans lequel les Arabes et les juifs partageront l'autorité dans le gouvernement, de telle manière que les intérêts essentiels de chacun soient sauvegardés ». Ce texte, rejeté par tous les protagonistes, créera de fortes tensions entre le Royaume-Uni et les organisations sionistes.

De ce bras de fer plutôt maîtrisé naquit une mythologie : le sionisme était, par nature, un mouvement anti-impérialiste. Cette confusion fut favorisée à la fois par le langage de quelques groupes sionistes d'extrême gauche et, après 1947, par le revirement de l'Union soviétique, qui se prononça en faveur du plan de partage de la Palestine voté par l'Assemblée générale des Nations unies, le 29 novembre 1947, après que le Royaume-Uni eut décidé de mettre fin à son mandat. Joseph Staline voyait dans ce plan un moyen de limiter l'influence britannique au Proche-Orient, ce qui l'amena à favoriser l'envoi d'armes tchèques aux combattants sionistes, leur octroyant ainsi un label « anti-impérialiste » du meilleur aloi. L'URSS fut la première grande puissance à reconnaître l'État d'Israël *de jure*, alors même que les États-Unis ne le reconnurent, dans un premier temps, que *de facto*.

À l'instar de la guerre d'indépendance engagée par les colons britanniques contre la mère-patrie, qui déboucha sur la fondation des États-Unis, les contradictions entre colonisateurs et métropole jalonnent l'histoire. Les Pieds-Noirs français se rangèrent massivement derrière l'Organisation armée secrète (OAS) dans son combat contre le général de Gaulle sur le point de reconnaître le droit des Algériens à l'indépendance. Vieille colonie britannique, la Rhodésie du Sud proclama son indépendance de manière unilatérale en 1965 pour tenter de prolonger le pouvoir de la minorité blanche que Londres voulait abolir.

Pour le mouvement sioniste, la rupture, partielle, avec son ancien tuteur britannique fut facilitée par le déclin du Royaume-Uni et par l'ascension des États-Unis en tant que grande puissance. Ben Gourion avait compris très tôt que l'avenir de son mouvement dépendrait de Washington. C'est lors du congrès sioniste de mai 1942 à New York que fut adopté le programme de Biltmore (du nom de l'hôtel où se tenait la session), qui revendiquait pour la première fois publiquement la création d'un État (« Commonwealth ») juif sur l'ensemble de la Palestine.

L'affrontement entre le Royaume-Uni et le mouvement sioniste, ou certaines de ses fractions, entre 1944 et 1947 prit parfois un tour extrêmement violent. Du côté sioniste, certains groupes organisèrent des actions terroristes visant les autorités et l'armée britanniques.

Le plus célèbre fut l'attentat du 22 juillet 1946, à Jérusalem, contre l'hôtel King David, qui abritait une partie de l'administration britannique ; il fit une centaine de morts. Le maintien des restrictions imposées en 1939 à l'immigration juive en Palestine au moment même où le monde découvrait les camps d'extermination nazis était incompréhensible pour l'opinion publique européenne et américaine. En 1947, l'épopée de l'*Exodus*, ce navire chargé de rescapés des camps et qui fut interdit de débarquement en Palestine par les Britanniques, marqua l'apogée de la mobilisation occidentale en faveur du sionisme. Londres eut beau arguer qu'au même moment les autres pays européens et même les États-Unis (où pourtant souhaitaient se rendre en priorité nombre de rescapés juifs) maintenaient de fortes barrières contre l'immigration, ou encore qu'il fallait prendre en compte le point de vue des Arabes, rien n'y fit.

Le Royaume-Uni, pris en tenaille entre les pressions américaines et sa volonté de défendre son influence dans le monde arabe, tergiversa. Sa politique sur le terrain fut, d'un côté, d'interdire toute présence des Nations unies, et par là même toute mise en œuvre de la partition qu'elles avaient votée, et, de l'autre, d'encourager les tentatives de conciliation entre Ben Gourion et le roi Abdallah de Jordanie. Indépendant depuis 1946, le royaume hachémite avait des vues sur l'autre rive du Jourdain, la Cisjordanie. Des négociations secrètes entre Abdallah et les dirigeants sionistes aboutirent *de facto*, à l'issue de la guerre, à un accaparement des territoires palestiniens, Amman annexant la Cisjordanie et une partie de Jérusalem, les sionistes s'emparant du reste de la Palestine mandataire, dont des territoires attribués à l'État palestinien par le plan de partage. Les archives du Foreign Office confirment que Londres ne s'est pas opposée à la création d'Israël. Le gouvernement britannique observera, durant les mois cruciaux précédant la première guerre israélo-arabe (de novembre 1947 à mai 1948), une neutralité qui n'efface pas son soutien actif, entre 1918 et 1939, à la transformation du Yichouv en État indépendant, un soutien sans lequel ce dernier n'aurait jamais vu le jour.

Épuration ethnique

La guerre de 1948-1949 marqua une étape importante dans l'entreprise sioniste. Non seulement l'État d'Israël fut proclamé, mais plusieurs centaines de milliers de Palestiniens furent contraints à l'exil. L'« État juif », dont la population devait compter, selon le plan de partage de l'ONU, près de 50 % d'Arabes, ne comportera plus qu'une petite minorité d'autochtones, bien que ses frontières eussent été repoussées par le conflit armé. Très tôt, et pendant des décennies, militants et historiens palestiniens clamèrent que leur peuple avait subi une expulsion massive. Il fallut attendre les années 1980 et l'arrivée d'une nouvelle génération d'historiens israéliens pour que la vérité soit enfin, sinon établie, du moins acceptée en Occident. Il est significatif que les témoignages des réfugiés comme les travaux des chercheurs palestiniens n'aient commencé à être pris en considération qu'après que des historiens « blancs » les eurent confirmés. Comme si l'histoire « objective » ne pouvait être écrite que par eux.

Si personne ne nie que des Palestiniens partirent « de leur propre gré », fuyant la violence et la guerre, il est désormais avéré que la majorité fut expulsée par une politique délibérée décidée au plus haut niveau par David Ben Gourion. On a vu comment, dans les années 1930, celui-ci avait préconisé l'idée d'une expulsion forcée. La guerre allait lui donner l'occasion de la mettre en œuvre.

Dans un long entretien accordé au quotidien *Haaretz* le 8 janvier 2004, le pionnier des nouveaux historiens israéliens, Benny Morris, évoque les quelque vingt-quatre massacres, les exécutions sommaires et même les viols qu'il a pu recenser, commis en 1948-1949 par l'armée s'autoproclamant « la plus morale du monde ». Ainsi, l'opération Hiram, menée dans le nord du pays en octobre 1948, comporta un nombre important d'exécutions sommaires, contre des murs ou dans des puits, perpétrées « de manière ordonnée ». Benny Morris note :

> [Ces exécutions] suivent un modèle. Divers officiers qui ont pris part à l'opération ont compris que l'ordre d'expulsion qu'ils avaient reçu leur permettait de telles actions pour encourager la population à partir sur les routes. Aucun n'a été puni pour ces meurtres. Ben Gourion a étouffé les choses, il a couvert les officiers qui ont commis les massacres.

Le commandant en chef israélien du front Nord publia même un ordre explicite d'expulsion, la seule consigne écrite dont on ait retrouvé la trace.

Benny Morris précise :

> Depuis avril 1948, Ben Gourion émet un message de transfert. Il n'y a pas d'ordre écrit, il n'y a pas de politique cohérente globale, mais une atmosphère de transfert. L'idée du transfert est dans l'air. Le corps des officiers comprend ce que l'on attend d'eux. Sous Ben Gourion, il s'est créé un consensus pour le transfert.

Loin de condamner cette politique, Benny Morris – qui s'est rallié à la vision de la droite dure après le déclenchement de la seconde Intifada, en novembre 2000 – s'en réjouit, car, reconnaît-il, « sans le déracinement des Palestiniens, un État juif aurait été impossible ». Détruire ou être détruit, tel est le faux dilemme au nom duquel furent toujours massacrés les « indigènes ».

Toujours selon Benny Morris, les musulmans s'infiltrent actuellement en Occident et menacent de le détruire de l'intérieur, comme les barbares l'ont fait à Rome. « La guerre entre les civilisations est la caractéristique essentielle du XXIe siècle », assure-t-il, avant de dresser un parallèle entre les Israéliens d'aujourd'hui et les Croisés d'hier – une comparaison qu'Oussama Ben Laden ne renierait sûrement pas.

« Terminer le travail »

Les entreprises de spoliation et d'expulsion des autochtones menées depuis le XVIIIe siècle ont connu, nous l'avons vu, des fortunes diverses. Là où elles ont réussi, de l'Amérique du Nord à l'Australie, on assiste depuis les années 1980 à la reconnaissance officielle des injustices provoquées par la conquête et à celle d'un certain nombre de droits, dont celui de disposer de territoires et d'une administration autonomes. Le cas palestinien est à part, non seulement parce que les autorités israéliennes n'ont jamais reconnu la moindre responsabilité dans l'exode des Palestiniens, mais aussi parce que les expulsions se sont poursuivies et se poursuivent encore aujourd'hui.

C'est d'abord les armes à la main, entre novembre 1947 et la fin de la première guerre israélo-arabe en 1949, et en dehors de toute légalité que kibboutz et colonies se sont emparés des terres de plusieurs centaines de villages arabes désertés. Certains furent rasés et leurs noms rayés de la carte ; d'autres furent occupés par des colons et prirent un nom hébreu. « Il suffisait à ce moment d'entourer la terre convoitée d'une clôture pour jouir de l'usufruit en permanence, à l'exclusion de tout autre prétendant éventuel », écrit l'intellectuel palestinien Sabri Geries[1]. D'autre part, en 1950, le Parlement adopte une loi sur la propriété des absents : elle confisque les terres de tous les Palestiniens qui n'étaient pas physiquement présents dans leur bourgade ou leur village au moment de la guerre (même s'ils étaient restés en Israël), et leurs biens sont considérés comme « abandonnés ». Cette loi a été réactivée ces dernières années pour permettre l'expulsion de familles palestiniennes installées à Jérusalem-Est.

Ce système de « vol légal » rappelle celui qui fut mis en place en Algérie après l'écrasement de l'insurrection de 1847 conduite par l'émir Abdelkader :

Une ordonnance, en date du 18 juin 1851, impose aux tribus le « cantonnement » sur une partie de leurs terres. Ainsi sont offerts aux colons 200 000 hectares de forêts et 60 000 de terres fertiles[2].

---

1. Sabri Geries, *Les Arabes en Israël*, Maspero, Paris, 1969.
2. Henri Alleg, *La Guerre d'Algérie*, Temps actuels, Paris, 1981.

En 1949, il restait environ 150 000 Arabes en Israël (leur nombre est passé à 1,2 million en 2010). Citoyens de seconde zone de l'« État juif », ils furent, et continuent d'être, victimes d'un colonialisme intérieur qui cherche à les déposséder et à les contrôler. Jusqu'en 1966, ils furent assujettis à un gouvernement militaire fondé sur les Defence Emergency Regulations adoptées par Londres en 1945 pour lutter contre... les groupes sionistes armés. À l'époque, ces mesures avaient été dénoncées par nombre de juristes, dont le Dr Moshe Dunkelblum, qui devait siéger plus tard à la Cour suprême d'Israël. Le 7 février 1946, il déclarait :

> Ces ordonnances constituent une menace constante contre les citoyens. Nous, juristes, voyons en elles une violation flagrante des principes fondamentaux de la légalité, de la justice, de la discipline. Elles légalisent le plus parfait arbitraire des autorités militaires et administratives. [...] Elles dépouillent les citoyens de leurs droits et confèrent aux autorités des pouvoirs illimités.

Deux ans plus tard, quand elles sont appliquées aux Arabes, elles ne suscitent guère de protestations. Les lois scélérates ne seraient-elles condamnables que lorsqu'elles visent les « civilisés » ? Détention administrative sans jugement, instauration d'un couvre-feu dans certaines régions, création de tribunaux spéciaux : telles furent les pratiques « normales » réservées aux Palestiniens en Israël...

Parmi les nombreuses mesures coercitives, la plus arbitraire interdisait aux Arabes d'Israël d'entrer dans certaines zones closes ou d'en sortir sans autorisation du gouverneur militaire. Ce qui permettait, comme l'explique Sabri Geries, de poursuivre la conquête de la terre :

> Le ministre de la Défense [...] déclarait un endroit déterminé « zone close » ou « zone de sécurité » ; l'accès en devenait en conséquence interdit sans autorisation écrite du gouverneur militaire, qui se trouvait dans l'obligation de refuser lesdites autorisations « pour des raisons de sécurité ». La terre laissée alors en jachère (son propriétaire ne pouvant plus continuer à l'exploiter), le ministre de l'Agriculture était là pour [le] constater. Ce qui l'autorisait, « en vue d'assurer son défrichement », à la faire travailler « par des ouvriers qu'il emploiera à cet effet », ou « de la confier à toute personne pour son exploitation ». Cette « autre personne » était toujours une colonie juive du voisinage[1].

Environ 100 000 hectares appartenant à des Arabes israéliens furent ainsi confisqués entre 1949 et 1967.

Cette politique de « judaïsation » faisait l'objet d'un large consensus et répondait aussi aux peurs que suscitait la menace démographique arabe. Yeshayahu Ben Porat, journaliste réputé, pouvait écrire, dans le quotidien populaire *Yedioth Aharonot* du 28 décembre 1962, à propos de la région de Galilée où réside une part importante des Palestiniens d'Israël :

---

1. Sabri Geries, *Les Arabes en Israël, op. cit.*

Notre Galilée ? Oui, sur la carte… Dans la réalité, sur le terrain même, les choses sont tout autres… C'est un empire arabe à l'intérieur de l'État… Sans un sursaut public vigoureux […], nous ne libérerons pas la Galilée.

En résumé, il se lamentait sur la lenteur de la judaïsation de la Galilée…

La guerre israélo-arabe de juin 1967 allait ouvrir une nouvelle phase de cette politique de conquête de la terre de Palestine et entraîner une nouvelle vague d'expulsions. En juin 1967, l'écrivain Amos Kenan[1], alors réserviste, rencontra Uri Avnery dans les locaux de l'hebdomadaire *Haolam Hazeh*. Il était en état de choc. Il avait assisté dans la zone de Latroun à l'épuration de trois villages arabes par l'armée israélienne victorieuse. Hommes et femmes, jeunes et vieux avaient été déportés vers Ramallah, à plusieurs dizaines de kilomètres de là, et la violence de l'événement lui avait rappelé des scènes de l'Holocauste.

Si la guerre de 1967 se solde par plusieurs centaines de milliers de nouveaux réfugiés, elle marque aussi le début d'un vaste mouvement de colonisation de la Cisjordanie, de Gaza et de Jérusalem-Est : dès le 27 juillet, le plan Allon – du nom du vice-Premier ministre

---

1. Amos Kenan avait été membre du mouvement d'extrême gauche Hachomer Hatzaïr avant de rejoindre, dans les années 1940, le groupe Stern, un groupe sioniste à la fois ultra-nationaliste et prosoviétique, responsable de nombreux attentats qualifiés de terroristes par les Britanniques.

d'alors – préconise l'implantation de colonies dans les territoires nouvellement conquis. En quarante-trois ans, le gouvernement israélien y installera plus de 500 000 colons, dont 200 000 à Jérusalem. La confiscation des terres s'est poursuivie selon les mêmes procédés et avec le même objectif qu'en 1948 : renforcer et pérenniser le « caractère juif » de l'État d'Israël.

Un « État juif »

C'est la revendication du caractère juif de cet État qui justifiait, en fait, la discrimination à l'égard des « autochtones arabes », comme l'avait affirmé Israël Shahak avant même la guerre de juin 1967. Né à Varsovie, il avait passé deux années dans le camp de concentration de Bergen-Belsen, puis avait émigré en Palestine en 1945. Professeur de chimie à l'Université hébraïque de Jérusalem, il devint président de la Ligue des droits de l'homme et du citoyen en 1970. Dans un livre courageux publié en français en 1975 et intitulé *Le Racisme de l'État d'Israël* – ouvrage dont on peut se demander s'il trouverait un éditeur aujourd'hui –, il posait la question « Qu'est-ce qu'un "État juif" ? » et esquissait la réponse suivante :

> La majorité des écrits concernant Israël et l'essentiel de ce qui se dit à son propos hors de ses frontières souffrent d'une lacune fondamentale : ils ignorent le fait que l'État d'Israël

n'est – ni en principe ni en fait – ni un État israélien ni un État des Israéliens ; c'est un État juif.

Aucune statistique, poursuivait-il, ne concerne les Israéliens :

> Non seulement il n'existe pas d'Israéliens en Israël, mais les animaux et les plantes eux-mêmes sont divisés en juifs et non juifs. Officiellement, l'État d'Israël recense et classifie les vaches et les moutons, les tomates ou le blé en produits « juifs » et « non juifs »[1].

Israël est la seule démocratie qui opère une distinction entre citoyenneté et nationalité : tous les titulaires de la citoyenneté (*ezrahut*) ont, en principe, des droits égaux, mais seuls certains, les Juifs, forment la nationalité (*le'um*). En 1970, Shimon Agranat, président de la Cour suprême, a confirmé que l'on ne pouvait pas parler de « nationalité israélienne », parce qu'il n'existait pas de nation israélienne séparée de la nation juive et qu'Israël n'était même pas l'État de ses citoyens juifs, mais celui des juifs du monde. Uzi Ornan, professeur de linguistique, a intenté une action en 2000 pour inverser ce jugement, mais les chances d'aboutir sont faibles.

Selon la loi du retour adoptée par le Parlement le 5 juillet 1950, « tout juif a le droit d'immigrer dans le

---

1. Israël Shahak, *Le Racisme de l'État d'Israël*, Guy Authier, Paris, 1975.

pays ». Ben Gourion expliquait à l'époque qu'il ne s'agissait en aucun cas d'une loi d'immigration telle qu'elle pouvait exister dans d'autres pays :

> Ce n'est pas l'État qui accorde aux juifs de l'étranger le droit d'installation, mais ce droit est en chaque juif dans la mesure où il est Juif.

Et la citoyenneté est accordée automatiquement à quiconque peut prétendre qu'un de ses quatre grands-parents est juif. La définition du « juif » donnée par la Cour suprême en 1970 est purement religieuse : est juif celui que la loi religieuse (*halakha*) considère comme juif.

Celui qui renonce à sa religion perd son droit à la citoyenneté, comme l'a confirmé le cas Osborne, porté devant cette même cour en 1958. Cet homme, qui voulait immigrer en Israël, se considérait comme juif bien qu'il eût été converti au christianisme par les personnes qui l'avaient sauvé durant la Seconde Guerre mondiale ; sa demande fut rejetée. Cette vision religieuse empêche toute séparation de la religion et de l'État, notamment dans le domaine du statut personnel : ainsi, il n'existe pas de mariage non religieux – le caractère théocratique de l'État ne permet pas le mariage civil –, et un juif et un non-juif ne peuvent s'unir légalement, sauf à l'étranger... Rendant compte du procès Eichmann, Hannah Arendt notait ce paradoxe :

> Il est certain qu'il y avait quelque chose de stupéfiant dans la naïveté avec laquelle le procureur dénonça les lois

iniques de Nuremberg qui, en 1935, avaient interdit le mariage et les rapports sexuels entre juifs et Allemands. Les mieux informés parmi les journalistes étaient bien conscients de cette ironie, mais ils n'en parlèrent pas dans leurs comptes rendus. Ce n'était pas le moment, pensaient-ils, de dire aux juifs ce que les lois et les institutions de leur pays avaient de défectueux[1].

Comment s'étonner, dès lors, que les Palestiniens citoyens d'Israël se sentent de plus en plus aliénés dans cet « État juif » ? En mars 2010, Scandar Copti, codirecteur arabe du film israélien *Ajami*, nominé pour un Oscar à Hollywood, déclara qu'il ne représentait pas Israël : « Je ne peux représenter un pays qui ne me représente pas. » Une opinion que partagent nombre de citoyens arabes d'Israël : il existe plus de trente lois accordant des droits spécifiques et supérieurs aux juifs, y compris dans les domaines de l'immigration, de la naturalisation, du travail ou encore de l'accès à la terre.

Israël serait donc l'expression d'un peuple juif ahistorique, qui aurait existé à travers les siècles. Malgré son fonctionnement libéral vis-à-vis de ses citoyens juifs, il a développé une conception archaïque de la nationalité, qui exclut ses citoyens palestiniens, et une vision théocratique de ses institutions. Il est vrai que le sionisme se voulait une réponse à la seule

---

1. Hannah Arendt, *Eichmann à Jérusalem. Rapport sur la banalité du mal*, Gallimard, Paris, 1966.

« question juive », et qu'il est impossible de saisir toute la dimension du drame qui se joue en Palestine si l'on ignore cette dimension historique et idéologique qui distingue l'exemple israélien d'autres expériences coloniales.

CHAPITRE III

Où l'on s'étonne de la transformation du « judaïsme des ghettos » en « judaïsme musclé »

> *Connaissez-vous la raison pour laquelle la cause palestinienne est célèbre ? Parce que vous êtes nos ennemis. L'intérêt pour les Palestiniens trouve ses racines dans l'intérêt pour la question juive. On s'intéresse à vous, pas à moi. D'une part, notre malheur est d'avoir comme ennemi Israël, qui bénéficie d'un soutien illimité. Et de l'autre, nous avons la chance d'avoir Israël comme ennemi, parce que ce sont les juifs qui sont le centre d'intérêt. Vous nous avez apporté défaite et célébrité.*
>
> Le poète palestinien Mahmoud DARWICH, dans un entretien filmé par Jean-Luc Godard, *Notre musique*, 2004.

L'homme n'a pas froid aux yeux. En 1943, il a dirigé l'insurrection du ghetto de Varsovie, et il ne mâche pas ses mots face à la journaliste israélienne qui lui demande benoîtement s'il n'est pas « logique » que les Juifs fassent « tout pour survivre ».

> Ça, c'est votre philosophie d'Israélienne, assène Marek Edelman, celle qui consiste à penser qu'on peut tuer vingt Arabes pourvu qu'un Juif reste en vie. Chez moi, il n'y a de place ni pour un peuple élu ni pour une Terre promise.
> Israël, affirme-t-il ailleurs, s'est coupé de Yitzkhok Leybush Peretz [écrivain et poète de langue yiddish, 1852-1915], de Chagall, du yiddish. Israël s'est créé sur la destruction de cette immense culture juive multiséculaire qui s'était épanouie entre la Vistule et le Don. La culture israélienne, ce n'est pas la culture juive. Quand on a voulu vivre au milieu de millions d'Arabes, on doit se mêler à eux et laisser l'assimilation, le métissage, faire son œuvre. [...] D'ailleurs, seule une minorité de juifs a émigré en Israël : l'écrasante majorité des juifs s'est exilée au Canada et aux États-Unis[1].

Religion remontant à plusieurs millénaires, foi respectée par des fidèles éparpillés dans plusieurs dizaines de pays, le judaïsme ne s'est jamais réduit à une seule « vérité », fût-elle celle d'un peuple élu. D'autant que nombre de ceux qui revendiquent leur judéité proclament leur agnosticisme, voire leur athéisme. Tout au long de l'histoire, les juifs ont vécu des expériences radicalement différentes, ont été animés par des courants divergents et secoués par des querelles obscures (talmudiques, diraient certains) sur

---

1. *Yedioth Aharonot*, 13 avril 2003.

le sens même du message biblique, sur leur identité – « qu'est-ce qu'être juif ? » –, et aussi, bien sûr, sur le sionisme.

Dans le débat houleux qui traverse aujourd'hui les opinions occidentales à propos du conflit israélo-palestinien revient en boucle cette antienne : l'anti-sionisme équivaudrait, au pire, à de l'antisémitisme ; au mieux, il servirait de paravent à celui-ci. Cet amalgame reflète une telle ignorance que l'on hésite pour l'expliquer entre aveuglement, inculture, propagande ou les trois à la fois.

Durant des décennies, le sionisme a été rejeté par la grande majorité des juifs eux-mêmes. La plupart des migrants juifs à la fin du XIXe siècle et durant la première moitié du XXe ont choisi leur Terre promise, les États-Unis. Sur 1,3 million de juifs qui quittèrent l'Empire tsariste entre 1897 et 1915, plus de 80 % préférèrent le Nouveau Monde. Quant aux jeunes juifs restés en Russie, ils étaient, comme le reconnaissait Haïm Weizmann dans une lettre à Herzl de 1903, « antisionistes, non pas par désir d'assimilation, comme en Europe de l'Ouest, mais par conviction révolutionnaire ». Une conviction qui contribuera à la victoire des communistes en 1917 et qui perdurera jusqu'à la Seconde Guerre mondiale, le régime soviétique menant alors une lutte déterminée contre l'antisémitisme, comme le raconte un très beau livre écrit par

Yuri Slezkine, professeur d'histoire à l'université de Berkeley (Californie) ayant grandi à Moscou[1].

Jusqu'à la Seconde Guerre mondiale au moins, la plupart des juifs ont donc contesté le sionisme. Soit au nom de la religion (pour la grande majorité des rabbins, un État juif ne pouvait advenir avant le retour attendu du Messie). Soit par volonté d'intégration dans les sociétés occidentales. Soit encore par adhésion à l'idéal internationaliste, socialiste ou communiste. Dans les années 1920 et 1930, l'influence du Bund – organisation créée en 1897 et unissant les ouvriers juifs de Pologne et de Russie – dépassa celle du sionisme. Toutefois, à la différence de ce dernier, le Bund ne devait pas survivre à sa double répression par les nazis et par le pouvoir stalinien.

L'immense masse des juifs ne rêvait pas de faire « fleurir le désert ». C'est ce qu'évoque cette « blague juive » : Moshe et Abraham bêchent la terre dans le Néguev, sous un soleil accablant. Moshe se tourne vers son compagnon et lui demande : « Quand Dieu nous a-t-il promis la Palestine ? » Abraham répond : « Oh, il y a cinq ou six mille ans. » Et Moshe soupire : « Et il a fallu que ça tombe sur nous ! »

Dans son livre *Judaism Does Not Equal Israel*[2] – « le judaïsme ne se confond pas avec Israël » –, le profes-

1. Yuri Slezkine, *Le Siècle juif*, La Découverte, Paris, 2009.
2. Marc H. Ellis, *Judaism Does Not Equal Israel*, The New Press, New York, 2009.

seur Marc H. Ellis, fondateur et directeur du Centre pour les études juives de l'université de Baylor (Texas), remarque :

> L'actuel establishment juif cherche une alliance entre la religion et l'État similaire à celle qu'a forgée le christianisme primitif avec l'Empire [romain] [...]. Cette alliance, souvent appelée le christianisme constantinien[1], trouve son équivalent dans un judaïsme constantinien. Ceux qui sont entrés en dissidence contre un tel point de vue, je les appelle les « juifs de conscience ». [Pour ceux-là], l'expérience de la vie juive est imprégnée par les interrogations sur la justice. Alors que les juifs constantiniens se définissent par leur recherche et leur exercice du pouvoir, les juifs de conscience sont définis par leur recherche de l'éthique et leur exercice de la conscience. Les uns et les autres veulent le meilleur pour les juifs et la communauté juive, mais ils voient le judaïsme et le chemin pour en suivre les enseignements à partir de perspectives très différentes.

Et Ellis de regretter que les « juifs de conscience » soient désormais marginalisés – « exilés », dit-il – par les courants majoritaires du judaïsme.

Le débat est tout sauf nouveau, et le sionisme lui-même l'avait avivé qui se voulait la réponse à la montée de l'antisémitisme. Fallait-il accepter un « nationalisme étroit », similaire à celui des peuples d'Europe, et

---

1. Du nom de l'empereur Constantin, qui fit cesser les persécutions contre les chrétiens et se convertit sur son lit de mort, en 337.

gommer ainsi la spécificité juive ? Fallait-il privilégier les valeurs ou la Realpolitik ?

Une polémique opposa en 1901 Bernard Lazare, un intellectuel juif français favorable au sionisme, et Theodor Herzl. Ce dernier, lors du cinquième congrès sioniste de Bâle, avait rendu un hommage public au sultan turc Abdul Hamid II, dont il espérait les faveurs, en faisant peu de cas de sa responsabilité dans les récents massacres d'Arméniens. Indigné, Lazare, militant dreyfusard, répondit :

> Les représentants – ou ceux qui se disent tels – du plus vieux des peuples persécutés, ceux dont on ne peut écrire l'Histoire qu'avec du sang, envoient leur salut au pire des assassins[1].

Albert Einstein n'a pas seulement inventé la théorie de la relativité, il a très tôt sympathisé avec l'idée d'un foyer juif en Palestine. Ben Gourion lui proposa même de succéder à Haïm Weizmann à la présidence d'Israël en 1952 – en espérant d'ailleurs qu'il refuserait, car il le considérait comme peu fiable politiquement. Einstein prônait en effet la coexistence avec les Arabes au sein d'un État unifié. Résigné à la création d'un « État juif », il en pressentait les dérives. Dans une lettre de mars 1952 adressée

---

1. On lira sur ce sujet les deux textes de Michel Tubiana et de Gilles Manceron *in* Gilles Manceron et Emmanuel Naquet (dir.), *Être dreyfusard hier et aujourd'hui*, Presses universitaires de Rennes, Rennes, 2009.

au rabbin orthodoxe Louis Rabinowitz, qui lui avait écrit pour justifier la colonisation, il répondait :

> J'ai été étonné qu'un fils d'un peuple aussi ancien puisse être si jeune dans ses idéaux et ses attentes. Est-ce qu'il ne vous est pas venu à l'idée que les « Pilgrims » qui ont quitté l'Angleterre pour coloniser ce pays [l'Amérique] sont arrivés avec des plans très similaires au vôtre ? Savez-vous combien ils sont devenus tyranniques, intolérants et agressifs en peu de temps ? Être baptisé dans des eaux juives ne crée pas d'immunité. Dieu tout-puissant a créé ainsi l'espèce humaine et on ne peut aller contre.

Le 4 décembre 1948, dans une lettre au *New York Times* signée avec la philosophe Hannah Arendt et une vingtaine d'autres personnalités juives, il dénonçait la visite aux États-Unis de Menahem Begin, le chef de la droite israélienne, dont le parti ressemblait « par son organisation, ses méthodes, sa philosophie politique et son discours social aux partis nazis et fascistes ». Comment qualifierait-il Avigdor Lieberman, le ministre des Affaires étrangères d'Israël en poste en 2010, qui préconise le transfert des Arabes israéliens au-delà des frontières ?

Jusqu'à la Seconde Guerre mondiale, la grande majorité des juifs est donc restée imperméable au sionisme. Le génocide a néanmoins amené nombre d'entre eux qui avaient survécu à s'interroger sur la possibilité de rester dans une Europe qui avait été incapable de les protéger. Ils ne souhaitaient pas pour autant se rendre en Palestine : interrogés sur leurs attentes, les rescapés des camps d'extermination nazis répondaient majoritairement qu'ils préféraient émigrer aux États-Unis, lesquels, en 1945, avaient restreint à 39 000 seulement le nombre de visas délivrés pour toute l'Europe de l'Est et l'Allemagne.

On assista aussi à une renaissance de l'identité juive : Yuri Slezkine rapporte que les juifs d'URSS, qui se considéraient avant tout comme russes jusqu'en 1941, prirent conscience de leur identité juive lorsque l'envahisseur nazi les condamna à mort. Et, dès cette époque, la politique stalinienne, valorisant le patriotisme russe, glissa vers l'antisémitisme. Pourtant, lorsqu'ils furent autorisés à quitter massivement l'Union soviétique dans les années 1970 et surtout 1980, ils ne se retrouvèrent en Israël que parce que les organisations sionistes, agissant de concert avec les autorités américaines, leur interdirent d'émigrer aux États-Unis. De son côté, l'Allemagne, qui leur avait ouvert ses portes, en accueillit plus de 100 000...

« Régénéré par la colonisation »

La découverte des camps d'extermination et de l'ampleur de l'entreprise génocidaire nazie a avivé la sympathie d'une partie de l'opinion publique européenne à la fois à l'égard des juifs et de l'idée du

« foyer national ». Un philosémitisme religieux chrétien existait déjà depuis longtemps. Il avait surgi dès le XVIIe siècle chez les puritains protestants et s'appuyait sur une interprétation de certains textes bibliques : le retour de Jésus et le Jugement dernier ne seraient possibles qu'après le regroupement des juifs en Palestine – en vue de leur future conversion, faut-il le préciser... Cette croyance ambivalente mobilise aujourd'hui le puissant courant fondamentaliste chrétien américain dans son soutien indéfectible à l'État d'Israël.

Ce philosémitisme se renforça au siècle dernier, et il soutint le projet national du mouvement sioniste. C'est ce qu'illustrent les travaux de la Commission permanente instituée entre les deux guerres par la SDN pour suivre la mise en œuvre des décisions internationales sur des territoires anciennement coloniaux (habités par des peuples « mineurs »). Alors que la Commission critique sévèrement les atteintes portées aux droits des autochtones dans le Sud-Ouest africain (la future Namibie) ou au Tanganyika, elle appuie les revendications sionistes. Ses membres, qui défendaient ailleurs les droits des populations locales, affirmaient que les droits des juifs en Palestine prenaient le pas sur ceux des Arabes. Pour eux, « le sionisme était un projet nationaliste et non impérialiste ; il était un effort pour créer une nouvelle nation à l'intérieur d'un espace colonisé[1] ». Et, argument suprême, cette nouvelle nation serait européenne.

Car Herzl se proposait de faire émerger un « juif nouveau », un être qui ne correspondrait plus aux fantasmes antisémites, en un mot un « Européen ». D'une certaine manière, il a réussi. « Le juif nouveau décrit dans la littérature sioniste est l'antithèse du juif existentiel, remarque l'universitaire israélien Amnon Raz-Krakotzkin[2]. Il est fort, actif, rationnel, travailleur, productif, moderne. » Ce « judaïsme musclé », comme le qualifiait le dirigeant sioniste Max Nordau, s'oppose au juif de l'exil, décrit par les antisémites, et au-delà, comme passif, dégénéré, non rationnel, faible, plongé dans la superstition, attaché à des croyances creuses et à des écrits dépourvus de signification. C'est ainsi que Ravnitzki, un autre théoricien du mouvement, définit l'objectif du sionisme :

> Sous des juifs petits et débiles, ratatinés et desséchés, des juifs nés au ghetto sans image corporelle, perceront des hommes grands et pleins de force, florissants et pleins de vie. L'âme aussi abandonnera la marque du ghetto. Ce qui inspirait la pitié et parfois le mépris revêtira une forme honnête et admirable chez un homme redevenu un homme.

1. Caroline Elkins et Susan Pedersen (dir.), *Settler Colonialism in the XXth Century, op. cit.*
2. Amnon Raz-Krakotzkin, *Exil et souveraineté*, La Fabrique, Paris, 2007.

Ce « juif régénéré par la colonisation » deviendra, en Palestine, un Européen. Par une étrange dialectique, celui qui avait été rejeté par les antisémites parce que « non européen » va se retrouver, en Orient, défenseur de la civilisation et des idéaux dont il était, jusqu'à présent, considéré comme l'antithèse. « Je suis devenu hébreu parce que je hais les youpins », dit un personnage du roman d'Arthur Koestler, *La Tour d'Ezra*, qui dresse un portrait élogieux des colons juifs. Le sionisme reprend ainsi à son compte à la fois certains stéréotypes antisémites et l'idéal d'un homme nouveau, un renversement qui explique parfois de troublants rapprochements.

Quelques semaines seulement séparent la création de l'État d'Israël, en mai 1948, et la victoire du Parti national aux élections législatives en Afrique du Sud. Ce dernier porte à son paroxysme la ségrégation raciale déjà en vigueur en mettant en œuvre la politique dite d'apartheid ou de « développement séparé ». Les dirigeants du Parti national, fortement empreints d'antisémitisme, vont pourtant établir une relation de plus en plus étroite avec l'État d'Israël.

L'universitaire israélien Benjamin Beit-Hallahmi, étudiant la politique étrangère sud-africaine dans les années 1970-1980 et cette coopération insolite entre les deux régimes, explique :

On peut détester les juifs et aimer les Israéliens, parce que, quelque part, les Israéliens ne sont pas juifs. Les Israéliens sont des colons et des combattants, comme les Afrikaners. Ils sont durs et résistants. Ils savent comment dominer[1]

— contrairement à certains stéréotypes à forte connotation antisémite qui définissent les juifs par la passivité, le refus de la force physique et leur côté intellectuel.

Beit-Hallahmi cite le poète afrikaner anti-apartheid Breyten Breytenbach :

> Quelle étrange identification les Afrikaners ont avec Israël. Il y a toujours eu un fort courant antisémite sur cette terre. Après tout, les actuels dirigeants [ceux de l'apartheid] sont le résultat et les descendants d'idéologues pronazis. Pourtant, ils ont la plus grande admiration pour Israël qui est devenu [...] le partenaire politique et militaire dans cette « alliance d'États parias ». Ils s'identifient à Israël à la fois comme un peuple biblique choisi par Dieu et comme un État moderne entouré par une mer d'ennemis. Ce qui, d'après eux, justifie leurs aventures militaires extérieures.

Au printemps 1967, lors de la crise du Proche-Orient, la majorité de la population française, à l'exception des communistes et d'une partie des gaullistes, ne cachait pas sa sympathie pour le petit État d'Israël menacé par Nasser, à l'instar des autres opinions occidentales et de la quasi-totalité des médias. Certains espéraient aussi une « revanche ».

---

1. Benjamin Beit-Hallahmi, *The Israeli Connection. Who Israel Arms and Why*, Pantheon Books, New York, 1987.

Pour une partie de l'opinion française, écrit le chercheur Yvan Gastaut, la guerre des Six Jours redonne sens à des engagements diplomatiques ou militaires perdus, comme l'expédition de Suez de 1956, et surtout au combat en faveur de l'Algérie française. Poursuivre la guerre contre les Arabes par Israël interposé : tel est l'enjeu de ceux qui n'ont pas digéré les accords d'Évian[1] et l'indépendance cinq années auparavant. [...] Un racisme de type colonial incite les partisans de l'Algérie française à soutenir l'État hébreu. [La] sympathie pour Israël est teintée d'hostilité envers les Arabes, forme détournée de vengeance de la décolonisation [...]. Anciens combattants, associations de rapatriés, anciens ministres du « dernier quart d'heure », extrême droite proche de son chef de file Jean-Louis Tixier-Vignancour ont choisi leur camp. L'hebdomadaire [d'extrême droite] *Minute* ne laisse planer aucun doute sur ses sentiments le 22 juin [1967] : « De toutes manières, avec les Arabes, une seule politique est possible, c'est celle de la trique et du coup de pied au cul. Car ils ne comprennent et ne respectent que la force. » [...] Au cours des défilés, les voitures activent leurs klaxons sur le même mode que les cinq temps de l'ancien slogan ; « Al–gé–rie fran–çaise », rebaptisé pour la circonstance « Is–ra–ël vain–cra ». La position de Xavier Vallat, ancien commissaire général aux Questions juives sous Vichy, expliquant dans *Aspects de la France* « Mes raisons d'être sioniste », en dit long sur

---

1. Signés le 18 mars 1962 entre le gouvernement français et le Front de libération nationale (FLN) algérien, ces accords se traduisent par un cessez-le-feu, puis par l'indépendance de l'Algérie.

les évolutions proches du ridicule d'une partie de l'extrême droite française[1].

Du génocide à la Shoah

C'est à la même époque, dans les années 1960, que l'on va assister à une réévaluation et à des relectures du génocide des juifs. Durant l'immédiat après-guerre, celui-ci avait été occulté. Du côté israélien, les dirigeants voulaient donner des juifs une image d'« hommes nouveaux », à l'opposé de celle de moutons « se laissant conduire à l'abattoir ». Israël, en pleine période d'édification pionnière, mobilisant toutes ses ressources pour accueillir les réfugiés et pour faire face aux États arabes, ne pouvait se permettre de donner des signes de vulnérabilité. En 1948, un des premiers manuels sur l'histoire juive publiés en Israël consacrait une seule page (sur deux cent vingt) au génocide, contre dix aux guerres napoléoniennes[2]...

Du côté de l'Europe et même des États-Unis, à la sortie de la guerre, les juifs étaient considérés comme des victimes parmi d'autres du nazisme, avec un statut moindre que celui dont bénéficiaient les politiques et

---

1. Yvan Gastaut, « La guerre des Six Jours et la question du racisme en France », *Cahiers de la Méditerranée*, vol. 71, 2005.

2. Cité par Idith Zertal, *La Nation et la mort*, La Découverte, Paris, 2008.

les résistants, d'autant qu'ils étaient catalogués comme « est-européens », voire « étrangers ». Ainsi *Le Plafond de verre*, d'Elia Kazan, film hollywoodien de 1947 centré sur l'antisémitisme des élites américaines, ne fait-il aucune allusion au génocide… Et en France, dans les années 1960 encore, les manuels d'histoire ne lui consacrent que quelques lignes.

Contrairement à une opinion répandue, l'extermination des juifs n'a joué qu'un rôle mineur dans la naissance d'Israël. Sur le terrain, l'« État juif » était déjà pratiquement édifié en 1939. Et même si une certaine sympathie des opinions européenne et américaine à l'égard du sionisme fut perceptible après 1945, l'étude des prises de position des différents gouvernements ayant voté le plan de partage de la Palestine confirme que le sort des juifs ne pesa que d'un faible poids dans leur décision.

Pourquoi la perspective se modifie-t-elle dans les années 1960 ? L'historien Peter Novick a raconté ce lent processus aux États-Unis[1] – un processus que l'on peut, en partie, retrouver en Europe. Durant la guerre, dirigée d'abord contre le Japon, le président Franklin D. Roosevelt avait cherché à éviter que l'intervention de son pays en Europe n'apparaisse comme « une guerre pour les juifs ». Après la victoire, personne, pas même les juifs

---

1. Peter Novick, *L'Holocauste dans la vie américaine*, Gallimard, Paris, 2001.

américains, n'exprimait de remords pour ne pas en avoir fait assez afin d'empêcher la mise en œuvre de la « solution finale ». Dans les années 1950, même les organisations juives américaines s'opposaient à l'édification de monuments commémoratifs du génocide : elles ne voulaient pas créer une mémoire spécifique au sein d'une Amérique conquérante confrontée au danger communiste. Un maître mot dominait : l'intégration.

C'est dans les années 1960, d'abord avec le procès d'Adolf Eichmann à Jérusalem (1961), puis avec la guerre de juin 1967, que se banalise le terme d'« Holocauste » (jusque-là peu utilisé) et que le génocide, ainsi rebaptisé, commence à acquérir une place centrale dans la mémoire américaine. Place que confirmera le succès de la série télévisée *Holocaust*, en 1978, et qui marque le début d'une transformation : la mémoire du génocide devient partie intégrante de l'identité occidentale. C'est dans ce contexte que les juifs américains affirment leur identité ethnico-religieuse ; un phénomène similaire s'affirme chez les juifs européens à la même époque.

Parallèlement, la recherche historique progresse. Les milliers de livres consacrés au génocide permettent de mieux comprendre comment la direction nazie en est venue à la décision de la « solution finale » ; comment la guerre déclenchée contre l'Union soviétique en juin 1941 et le « génocide par balles » de plus d'un million de juifs par les Einsatzgruppen (groupes d'intervention) SS et la Wehrmacht sur le front de l'Est ont constitué une étape vers les camps d'extermination ; comment a fonctionné la machine de mort à Auschwitz et ailleurs. En France, le documentaire de Marcel Ophuls, *Le Chagrin et la Pitié* (1969), et la traduction du livre de Robert Paxton, *La France de Vichy* (1973), mettent en pleine lumière la participation de Pétain et de son régime à la « solution finale ».

La fascination du fascisme

Cette résurgence du passé ne peut être séparée de l'importation d'un discours sur le génocide dans le conflit israélo-arabe. Sur un mode polémique, le politologue américain Norman Finkelstein l'a évoqué dans *L'Industrie de l'Holocauste*, sous-titré *Enquête sur l'exploitation de la souffrance des juifs*[1]. Il y dénonce l'usage du génocide comme argument pour justifier la politique israélienne en Palestine.

De ce point de vue aussi, le procès d'Adolf Eichmann à Jérusalem en 1961, après sa capture en Argentine par des agents des services secrets israéliens, marque un tournant. Le Premier ministre David Ben Gourion, l'organisateur de l'enlèvement, a aussi été « l'architecte, le réalisateur et le metteur en scène des préparatifs et du

---

1. Norman Finkelstein, *L'Industrie de l'Holocauste*, La Fabrique, Paris, 2001.

procès lui-même », ainsi que « le principal inspirateur du processus de création d'un nouveau discours israélien sur la Shoah, un discours de puissance[1] ». Selon lui, indépendamment d'une problématique intérieure (renforcer le consensus national entre juifs ashkénazes et juifs sépharades), il fallait « importer » le génocide dans le conflit israélo-arabe, marteler une symétrie : Arabes = nazis.

Cette identification sera appelée à un bel avenir, quel que soit l'ennemi : tour à tour, Gamal Abdel Nasser, Yasser Arafat, Saddam Hussein, Mahmoud Ahmadinejad (même s'il n'est pas arabe) seront assimilés à Hitler et à son désir d'exterminer les juifs. Et tous seront ramenés à leur « ancêtre », Amin al-Husseini, le mufti de Jérusalem.

La collaboration avec Hitler du mufti – l'un des dirigeants nationaux palestiniens dans les années 1930 – est souvent agitée comme une preuve de l'antisémitisme congénital des Palestiniens. Dans une étude méticuleuse, Gilbert Achcar, professeur de relations internationales à la School of Oriental and African Studies de Londres, revient en détail sur cet épisode[2]. Les faits sont incontestables, comme en témoigne l'appel du mufti, diffusé le 9 mai 1941, incitant à la guerre sainte contre le Royaume-Uni :

---

1. Idith Zertal, *La Nation et la mort, op. cit.*
2. Gilbert Achcar, *Les Arabes et la Shoah*, Actes Sud, coll. « Sindbad », Arles, 2009.

J'appelle tous mes frères musulmans du monde entier au djihad dans la voie de Dieu, pour la défense de l'islam et de son territoire, contre ses ennemis.

Achcar évoque également la rencontre du mufti avec Hitler, le 28 novembre 1941, et la création en 1943 de deux divisions SS composées presque uniquement de musulmans de Bosnie – il faut toutefois souligner que les dirigeants musulmans bosniaques de l'époque dénoncèrent à plusieurs reprises les mesures antijuives et antiserbes qui furent prises. Il n'en reste pas moins que, tout au long de la guerre, le mufti se rangea aux côtés de l'Allemagne nazie, développant un antisémitisme viscéral et empruntant à l'idéologie nazie nombre de ses archétypes.

Ses choix ne furent cependant pas ceux de la majorité des Palestiniens ni des Arabes. Comme le note Achcar, « les Arabes et les Berbères qui combattirent dans les rangs des Alliés durant la Seconde Guerre mondiale sont considérablement plus nombreux que ceux qui combattirent dans les rangs des pays de l'Axe » : 9 000 Palestiniens dans les rangs de l'armée britannique, des centaines de milliers de Maghrébins dans les troupes de la France libre, sans parler des centaines de déportés arabes dans les camps nazis. Robert Satloff, directeur exécutif du Washington Institute for Near East Policy (Winep), lié au lobby américain pro-israélien, a publié un livre dans lequel il raconte l'histoire de ces nombreux Arabes qui, dans les pays d'Afrique du Nord occupés par les nazis, aidèrent à sauver des juifs et auraient pu mériter le titre de Justes[1].

Achcar rappelle la diversité des attitudes des formations politiques arabes à l'égard du nazisme et du fascisme italien. Pour mémoire, le fascisme envoûta nombre de mouvements politiques durant l'entre-deux-guerres, y compris l'aile droite du mouvement sioniste : son leader, Vladimir Jabotinsky, fut fasciné par l'expérience du Duce, lequel l'aida en retour.

Achcar souligne aussi « l'importance démesurée accordée au mufti par les sources sionistes et prosionistes », et ce dès le lendemain de la guerre. Ainsi, Amin al-Husseini est la seule personne dont l'American Jewish Conference exige le jugement.

> Le motif de cet intérêt tout à fait disproportionné par rapport au rôle réel du mufti n'était évidemment pas l'expiation des crimes de ce dernier, mais, bien sûr, l'exploitation de sa mauvaise réputation dans la bataille pour la Palestine auprès des gouvernements alliés, bataille devenue prioritaire au lendemain de la défaite du nazisme.

L'*Encyclopedia Judaica* de Jérusalem consacre au mufti autant de place qu'à Heinrich Himmler, l'un des

---

1. Robert Satloff, *Among the Righteous. Lost Stories from the Holocaust's Long Reach into Arab Lands*, Public Affairs, New York, 2006. C'est en 1953 que le Parlement israélien prend la décision d'honorer les « Justes parmi les nations », ceux qui ont mis en danger leur vie pour sauver des juifs.

principaux artisans de la « solution finale » ! Il fut aussi longuement évoqué au cours du procès d'Eichmann, d'autant que les deux hommes s'étaient rencontrés pendant la guerre.

Nous avons expliqué pourquoi nombre de mouvements anticoloniaux avaient pu se tourner vers Berlin, Rome ou Tokyo avant et parfois pendant la Seconde Guerre mondiale. La plupart n'avaient pas de sympathie idéologique particulière envers le nazisme ou le fascisme, mais étaient mus par le principe primaire, au demeurant terriblement banal, selon lequel « les ennemis de mes ennemis sont mes amis ». L'organisation sioniste Lehi, dite aussi « groupe Stern », du nom de son fondateur, tenta dans les années 1930 d'établir une alliance d'abord avec Mussolini, ensuite avec Hitler, au nom de la lutte contre l'ennemi commun, le « colonialisme britannique ».

Tous ces mouvements ne faisaient finalement preuve que du même aveuglement qui domina en Europe entre 1933 et 1939, de cette même incapacité à mesurer le caractère singulier, atypique, du régime nazi. Cette cécité explique aussi le pacte de non-agression conclu entre l'Allemagne et la Pologne en 1934 ; la politique de non-intervention de Londres et Paris durant la guerre civile espagnole de 1936-1939 ; les accords de Munich de 1938 entre Hitler, Daladier, Mussolini et Chamberlain et la participation de Varsovie au dépeçage de la Tchécoslovaquie ; le pacte germano-soviétique de 1939 – toutes décisions condamnables d'un point de vue moral, mais explicables en raison d'une politique aussi myope que vaine d'apaisement à l'égard du nazisme.

Dilemmes face à Hitler

Que faire face au régime qui s'était installé à Berlin en janvier 1933 ? Quelle attitude adopter, quelle tactique mettre en œuvre ? Tant pour les juifs allemands que pour le mouvement sioniste, les dilemmes étaient déchirants. Il n'en est pas de meilleure illustration que l'accord dit de Haavara, signé en août 1933 entre les organisations sionistes allemandes et les autorités nazies, qui permit à 53 000 juifs allemands d'émigrer en Palestine avant la fin de 1939 et d'échapper ainsi au génocide (ils représentaient 35 % de l'émigration dans ce territoire en 1937 et 52 % en 1939, incluant les juifs d'Autriche). La Haavara permit aussi aux juifs de transférer en Palestine une partie de leurs avoirs (au total 110 millions de marks) sous forme de marchandises allemandes, ce qui constitua un débouché utile pour l'économie nazie. Un tel pacte, qui amena l'Organisation sioniste mondiale à dénoncer les appels au boycott de l'Allemagne nazie, était-il fondé ? Vladimir Jabotinsky, en tout cas, le condamna et s'acharna, dès 1933, à isoler le régime hitlérien.

Dans un livre récent, l'historien britannique Francis R. Nicosia expose les paradoxes de l'époque :

> De toutes les agences impliquées dans la politique du régime nazi envers la « question juive », aucune n'a été plus ouverte envers le sionisme que les SS. L'idéologie raciale du national-socialisme était subordonnée aux nécessités pratiques d'une politique juive visant à pousser le plus vite possible les juifs hors d'Allemagne, quel que soit le pays de destination[1].

Cela n'implique pas, poursuit l'auteur, une quelconque alliance stratégique ni une équivalence morale entre sionisme et nazisme, mais une utilisation par Berlin, à un moment donné, d'un mouvement pouvant contribuer à faire de l'Allemagne un pays sans juifs – *judenrein*.

Pas plus que pour les dirigeants européens le « sauvetage » des juifs ne fut la priorité des dirigeants sionistes, et surtout pas celle de David Ben Gourion. Le 7 décembre 1938, celui-ci déclarait :

> Si j'avais su qu'il était possible de sauver tous les enfants [juifs] d'Allemagne en les transportant en Angleterre, mais seulement la moitié en les transportant en Palestine, j'aurais choisi la seconde solution – parce que nous ne devons pas seulement faire le compte de ces enfants, mais nous devons faire le compte de l'histoire du peuple juif.

---

1. Francis R. Nicosia, *Zionism and Anti-Semitism in Nazi Germany*, Cambridge University Press, Cambridge, 2008.

Craignant que la poussée antisémite en Allemagne, en décembre 1938, n'amène les pays démocratiques à s'ouvrir à l'immigration juive, Ben Gourion signa un éditorial intitulé « Le sionisme est en danger »[1]. Cette attitude fut loin d'être isolée. Comme l'a démontré Tom Segev, le Yichouv et le mouvement sioniste mondial ne firent aucun effort conséquent pour obtenir l'ouverture des frontières des pays démocratiques aux réfugiés juifs.

En résumé, la responsabilité de la passivité face au sort réservé aux juifs par les nazis durant la Seconde Guerre mondiale est partagée, même si elle incombe avant tout aux dirigeants des démocraties, qui fermèrent leurs portes à toute immigration dans les années 1930. Il est étrange que cette dimension soit le plus souvent occultée et que l'on incrimine en revanche l'ensemble des Palestiniens pour une complicité dans ce génocide.

Deux lectures de l'Histoire

La décision de Ben Gourion de tenir le procès d'Eichmann en Israël même n'allait pas de soi. À l'époque, des personnalités éminentes du monde juif, comme Nahum Goldmann, le président du congrès

---

1. Cité par Tom Segev in *Le Septième Million*, Liana Lévi, Paris, 1993.

juif mondial, ou encore le philosophe Martin Buber, souhaitaient voir le criminel nazi traduit devant une juri-
diction internationale, dans le sillage de ce qu'avait
été le procès de Nuremberg. L'alternative était
posée : le génocide concernait-il seulement les Juifs
et Israël, ou bien l'ensemble de l'humanité ? Selon Ben
Gourion, la réponse ne faisait pas de doute : le génocide s'inscrivait dans l'histoire juive, dans la « haine
éternelle » contre les juifs ; Israël en était le déposi-
taire légitime, son seul héritier. Ainsi, l'immense
majorité des témoins cités à la barre furent israéliens,
l'audition des survivants qui avaient décidé de ne pas
s'installer en Terre sainte étant réduite au minimum.

Une telle interprétation occultait non seulement les
autres victimes du génocide (Tziganes, Slaves, homo-
sexuels, militants politiques et résistants), mais aussi la
genèse européenne de ce qui s'était passé : la théorie
des races, avant de s'appliquer aux juifs, n'avait-elle
pas servi toute l'entreprise coloniale ? Les pratiques
eugénistes n'avaient-elles pas cours dans toute
l'Europe, même démocratique, pour éliminer les mala-
des mentaux et autres « sous-hommes » ?

Se livrer à une lecture si réductrice du nazisme permettait à la fois de proclamer « Plus jamais ça ! » et de
poursuivre des politiques d'oppression. Le philosophe
Enzo Traverso souligne, à propos des cérémonies du
soixantième anniversaire de la libération du camp
d'Auschwitz, ce macabre paradoxe : les responsables

européens ou américains présents – Dick Cheney, Tony Blair, Silvio Berlusconi – étaient les promoteurs d'une guerre en Irak qui, certes, ne pouvait pas être comparée à ce qui s'était passé en 1939-1945, mais constituait clairement une guerre d'agression dans laquelle des centaines de milliers de civils irakiens allaient mourir.

> Il ne s'agit pas, explique Traverso, de mettre un trait d'égalité entre Auschwitz et Guantanamo, mais plutôt de se demander si, après Auschwitz, nous pouvons tolérer Guantanamo et Abou Ghraib, s'il n'y a pas quelque indécence dans le fait que ce soient précisément les responsables de Guantanamo et d'Abou Ghraib qui nous représentent lors d'une cérémonie consacrée aux victimes du nazisme[1].

Quels sont les enseignements du génocide des juifs pour le monde d'aujourd'hui, pour la lutte contre toutes les formes de racisme, d'injustice et de discrimination ? L'historien israélien Tom Segev explique que les Israéliens peuvent en tirer deux leçons contradictoires :

> – 1. Personne n'a le droit de leur rappeler « des impératifs moraux tels que le respect des droits de l'homme », car les juifs ont trop souffert et les gouvernements étrangers ont été incapables de leur venir en aide ;

---

1. Enzo Traverso, *Le Passé, modes d'emploi*, La Fabrique, Paris, 2005.

– 2. On peut, au contraire, penser que le génocide « somme chacun de préserver la démocratie, de combattre le racisme, de défendre les droits de homme ».

Cette deuxième lecture, que l'on pourrait qualifier d'« universelle », est la seule qui fasse du génocide des juifs « un patrimoine commun de l'humanité » au même titre que d'autres grands massacres de l'histoire, tout en préservant la spécificité de chacun. Elle permet également de lutter contre le négationnisme dans le monde arabe, qui trouve souvent sa source dans l'idée que le génocide des juifs vaudrait des droits illimités pour Israël, notamment contre les Palestiniens et leurs légitimes revendications.

Peut-on inverser cette logique et affirmer que les mêmes raisons qui nous rendent solidaires des victimes du génocide nazi nous rendent également solidaires de tous ceux qui combattent l'oppression ? Durant la guerre d'Algérie, nombre d'intellectuels français justifiaient leur engagement aux côtés du Front de libération nationale (FLN) par la mémoire de la résistance au nazisme durant l'occupation. C'est au nom de ces mêmes principes que le peuple palestinien mérite un soutien dans sa lutte contre l'oppression et pour l'autodétermination.

Nous devons, bien sûr, prendre en compte le poids de ce massacre et la spécificité de la « question juive », qui continueront pour longtemps à marquer le conflit israélo-palestinien, comme le reconnaissait Edward Said :

> Israël n'est ni l'Afrique du Sud, ni l'Algérie, ni le Vietnam. Et, que cela nous plaise ou non, les juifs ne sont pas des colonialistes ordinaires. Oui, ils ont souffert de l'Holocauste, oui, nombre d'entre eux sont victimes d'antisémitisme. Non, ces faits ne leur donnent pas le droit d'exercer ou de poursuivre une politique de dépossession à l'encontre d'un peuple qui ne porte aucune responsabilité dans l'histoire de leurs malheurs[1].

La parenté assumée avec l'Europe, l'alignement sur l'Occident ont permis au sionisme de trouver, durant de longues décennies, des alliés puissants et un soutien indéfectible à sa cause. Pourtant, les bouleversements géopolitiques du monde actuel se retournent progressivement contre Israël. Car c'est désormais cette domination de l'Occident, non seulement militaire, mais aussi économique, culturelle et médiatique, qui est remise en cause après plus d'un siècle de luttes, de victoires et de défaites des peuples anciennement colonisés.

---

1. Edward Said, « Israël-Palestine, une troisième voie », *Le Monde diplomatique*, Paris, août 1998.

CHAPITRE IV

Où l'on célèbre
le basculement du monde

Nous n'avons pas toujours eu le temps de nous rendre compte de l'ampleur des événements histo-riques auxquels nous participons. Songez à ce qui s'est passé dans cette salle. Des peuples qui, jusqu'à présent, avaient été considérés par le monde capi-taliste comme des troupeaux de bêtes de somme, les peuples dits « inférieurs », sur le compte des-quels la bourgeoisie était tranquille, bien certaine qu'ils ne sortiraient pas de leur torpeur, ces peu-ples se soulèvent.

Grigori Zɪɴovɪᴇv, dirigeant bolchevique,
le 8 septembre 1920, à la clôture du premier
congrès des peuples de l'Orient à Bakou, qui
avait regroupé près de deux mille délégués
– des Arabes et des Kurdes, des Turcs
et des Indiens, des Persans et des Chinois.

Par une de ces ironies dont l'Histoire a le secret, alors que l'on célébrait le vingtième anniversaire de la chute du mur de Berlin – survenue le 9 novembre 1989 et prélude à la déroute du « camp socialiste » dirigé par l'Union soviétique ainsi qu'au triomphe des principes de l'économie libérale –, on assista à un glissement majeur dans les relations internationales : la remise en cause de l'hégémonie de l'Occident qui s'était imposée à partir de la première moitié du XIXe siècle, hégémonie qui ne se limitait pas aux sphères économique, politique et militaire, mais touchait aussi aux domaines idéologique et culturel. Aux États-Unis mêmes, l'analyste Fareed Zakaria, comme nombre de ses confrères, évoquait dès 2008 un « monde post-américain[1] » et reconnaissait que son pays n'avait plus les moyens d'affronter seul les défis de la mondialisation – du réchauffement de la planète aux nouvelles pandémies, de la prolifération nucléaire aux migrations. Les tentatives pour transformer l'Organisation du traité de l'Atlantique Nord (OTAN) en bras armé de la démocratie s'embourbaient en Afghanistan. Aucun système de sécurité collective n'était plus crédible et la réforme de la gouvernance mondiale tâtonnait, tandis que les Nations unies confirmaient leur impuissance.

Le tableau s'éclaircit chaque jour un peu plus. Bien que encore dans les limbes, les puissances émergentes remettent progressivement en cause l'ordre inter-

1. Fareed Zakaria, *The Post-American World*, Norton & Company, New York, 2008.

national. Cet ébranlement s'était amorcé après la Première Guerre mondiale, qui avait donné une impulsion décisive aux aspirations des peuples colonisés. Le bolchevisme au pouvoir, en opérant une rupture radicale avec l'idéologie dominante des partis politiques, y compris les partis sociaux-démocrates, ralliés à l'idée coloniale et aux bienfaits de l'« exportation de la civilisation », avait contribué à saper les soubassements du « vieux monde ».

Désormais, expliquait Lénine devant la commission nationale et coloniale au IIe congrès de l'Internationale communiste (26 juillet 1920),

> nous devons tracer une distinction entre les peuples opprimés et les peuples oppresseurs. [...] Le monde entier se divise actuellement en un grand nombre de peuples opprimés et un nombre infime de peuples oppresseurs, qui disposent de richesses colossales et d'une force militaire puissante.

Il dénonçait le chauvinisme de l'élite ouvrière britannique, corrompue par les avantages qu'elle tirait du statut impérial du Royaume-Uni et répugnant à aider les peuples des colonies. Il concluait que les partis qui rejoindraient l'Internationale communiste devraient faire « un travail effectivement révolutionnaire et apporter une aide aux peuples exploités et dépendants dans leur soulèvement contre les nations qui les oppriment ». Un des premiers actes de la révolution soviétique fut, nous l'avons vu, de rendre publics les traités secrets de dépeçage du Proche-Orient conclus par la France et le Royaume-Uni et auxquels la Russie tsariste avait participé – une révélation qui souleva une onde de choc dans la région.

Célèbre publiciste de droite, Henri Massis écrivait dans *Défense de l'Occident* que la guerre de 1914-1918, avec ses divisions entre puissances européennes, avait encouragé l'insoumission :

> Tous les voyageurs, tous les étrangers qui vivent depuis longtemps en Extrême-Orient nous l'affirment : en dix années, les esprits ont plus profondément changé qu'en dix siècles. À l'antique et facile soumission a succédé une hostilité sourde, et parfois une véritable haine qui n'attend que l'heure propice pour passer à l'action. De Calcutta à Shanghai, des steppes mongoles aux plaines anatoliennes, toute l'Asie est travaillée par un sourd désir de libération. La suprématie à laquelle l'Occident était accoutumé depuis le jour où Jean Sobieski eut définitivement arrêté la ruée des Turcs et des Tartares sous les murs de Vienne[1], cette suprématie n'est plus reconnue par les Asiates. Ces peuples aspirent à refaire leur unité contre *l'homme blanc* dont ils proclament le désastre[2].

Le péril était d'autant plus grand que la Russie bolchévique était présentée comme l'« avant-garde de

---

1. En 1683, des troupes « chrétiennes » défirent les armées ottomanes.

2. Henri Massis, *Défense de l'Occident*, Plon, Paris, 1927.

l'Asie en Europe », et Lénine comme le descendant des grands autocrates tournés vers l'Asie.

Cette sourde inquiétude était justifiée : les peuples d'Asie et, au-delà, l'ensemble des peuples colonisés ne supportaient plus la tutelle européenne. Plus préoccupant encore, ils prenaient conscience de leurs intérêts communs ; aux révoltes persistantes mais dispersées succédait une volonté de coordination et d'unité. En 1927, l'année même où parut le pamphlet de Massis, se réunit à Bruxelles le congrès constitutif de la Ligue contre l'impérialisme. Il signa, selon Vijay Prashad, directeur des études internationales au Trinity College (Connecticut), l'acte de naissance de ce que l'on allait appeler, vingt-cinq ans plus tard, le Tiers Monde[1].

Bruxelles avait été choisie après le refus opposé par Berlin et par Paris. La Belgique n'était qu'une puissance coloniale mineure, mais l'affaire du Congo, longtemps propriété privée du roi Léopold II, avait jeté la lumière sur les conséquences de la politique coloniale : entre 1885 et 1908, la population de ce territoire avait chuté de 20 à 10 millions d'habitants, à la suite de nombreux massacres qui illustraient, bien avant la Première Guerre mondiale, la brutalisation de la politique

---

1. Vijay Prashad, *Les Nations obscures*, Écosociété, Montréal, 2010.

et la mise en œuvre d'une idéologie et de méthodes d'extermination dont les nazis allaient s'inspirer.

Dans la capitale belge se réunirent donc des délégués issus des partis communistes et socialistes ainsi que de mouvements nationalistes radicaux. L'assemblée était patronnée par Albert Einstein et par l'écrivain français Romain Rolland. Financée par l'Internationale communiste, mais aussi par le Kuomintang – le mouvement nationaliste chinois dirigé par Tchang Kaï-chek –, elle regroupait des responsables qui devaient s'illustrer plus tard dans la lutte d'émancipation de leur peuple, de Soekarno (Indonésie) à Messali Hadj (Algérie), de Víctor Raúl Haya de la Torre (Pérou) à James La Guma (Afrique du Sud). Jawaharlal Nehru expliquera dans son autobiographie que cette rencontre l'avait aidé à « comprendre certains des problèmes qui se posent aux pays coloniaux ou vivant dans la dépendance d'autres puissances ». À ce congrès assistaient côte à côte Jamal al-Husseini, représentant du premier congrès national palestinien, et Moshe Erem, délégué de l'organisation sioniste marxiste Poale Zion, créée en 1901. Cette double présence illustrait déjà un certain embarras face à la « question de Palestine », embarras dû à la phraséologie de gauche, voire d'ultragauche, d'une partie du mouvement sioniste et à la difficulté de séparer cette question de la persécution des juifs en Europe, qui leur

valait une large sympathie capitalisée par le mouvement sioniste.

Bruxelles ne fut qu'un jalon dans une longue marche
vers la liberté. Après la Seconde Guerre mondiale,
l'affaiblissement de la France et du Royaume-Uni ainsi
que le prestige acquis par l'Union soviétique victorieuse produisirent les conditions favorables à une
émancipation des peuples colonisés, encore impensa-
ble au début du XXe siècle.

Trente ans plus tard, lors de la conférence de Bandung
(1955), acte de naissance du « non-alignement »,
Soekarno, devenu président de l'Indonésie, déclarera à
propos de la réunion de Bruxelles :

> Là, nombre d'honorables délégués présents se rencon-
> trèrent pour donner un nouvel élan à leur lutte pour
> l'indépendance. Mais la réunion se tenait à des milliers
> de kilomètres de chez eux, parmi un peuple étranger,
> dans un pays étranger, sur un continent étranger. Elle se
> tenait là par obligation et non par choix. Aujourd'hui, le
> contraste est grand. Nos nations et nos pays ne sont plus
> des colonies. Nous sommes désormais libres, souverains
> et indépendants. Nous sommes de nouveau maîtres chez
> nous. Nous n'avons plus besoin d'aller sur d'autres
> continents pour nous réunir[1].

Progressivement, à travers la décolonisation et la création du mouvement des non-alignés (1961), s'affirme ce
« Tiers Monde ignoré, exploité, méprisé comme le tiers

---

1. Cité *ibid.*

état [et qui voulait] lui aussi être quelque chose[1] ». Comme le rappellera cinquante ans plus tard l'ethnologue Georges Balandier, co-inventeur avec Alfred Sauvy du vocable « Tiers Monde » :

> Il ne s'agissait pas de définir un troisième ensemble de nations, à côté des deux blocs (capitaliste et soviétique) en guerre froide. Non, c'était une référence au tiers état de l'Ancien Régime, cette partie de la société qui refusait de « n'être rien », selon le pamphlet de l'abbé Sieyès. Cette notion désignait donc la revendication des tierces nations qui voulaient s'inscrire dans l'histoire.

S'inscrire dans l'histoire, dont elles avaient été chassées depuis l'avènement du colonialisme – et dans laquelle, si l'on en croit le président Nicolas Sarkozy, les Africains ne sont pas toujours entrés...

La marche de ces nations ne fut pas linéaire. Elle connut des succès, des revers et des reculs. Partout, ou presque, l'indépendance politique était achevée à la fin des années 1980, et la Palestine reste l'un des derniers avatars du colonialisme occidental. En revanche, l'idée d'une indépendance économique et d'un « nouvel ordre économique international », si populaire dans les années 1970, s'était dissoute dans les échecs du développement, dans la capacité du Nord à surmonter la perte de ses empires coloniaux et

---

1. Alfred Sauvy, « Trois mondes, une planète », *L'Observateur*, Dakar 14 août 1952.

à maintenir son hégémonie sur l'économie mondiale, dans le naufrage de l'option socialiste. Au début des années 1990, alors que le communisme s'effondrait à l'Est, les pays du Sud paraissaient s'enliser dans le sous-développement.

Le discours critique sur les indépendances permit même de justifier après coup le colonialisme, comme le firent certains historiens, tels le Britannique Niall Ferguson et le Français Jacques Marseille, champions d'un nouvel impérialisme marqué par les interventions « humanitaires », du Kosovo à l'Irak. Certes, les lendemains n'ont pas toujours chanté pour les pays libérés, mais les indépendances avaient été une étape indispensable vers une véritable égalité entre les peuples, ainsi que vers le triomphe d'un universalisme dont l'Europe s'était voulue porteuse mais dont elle avait restreint le champ à ses seuls ressortissants.

Car, en cette aube du troisième millénaire, l'initiative est reprise par quelques pays émergents. N'est-ce pas le début d'une renaissance du Tiers Monde ? Le XXᵉ siècle s'est clos avec l'effondrement de l'Union soviétique et du communisme, mais, si l'on accepte de se décentrer et de regarder le monde non depuis Paris ou Washington, mais depuis New Delhi ou Pékin, Pretoria ou Brasilia, ce n'est pas de cela que l'on se souviendra. On retiendra plutôt l'affirmation des « peuples mineurs » et la fin de la domination, que l'on croyait éternelle, d'une minorité blanche sur les peuples de couleur ; et aussi l'essor de tous ces pays que l'on qualifiait encore d'immobiles au début du XXe siècle.

De CNN à Al-Jazira

Les bouleversements du monde ne concernent pas seulement la sphère politique et économique ; ils s'étendent à bien d'autres domaines. Depuis deux siècles, l'histoire du monde, et donc celle de la Palestine, était racontée d'un seul point de vue, celui des « vainqueurs », celui de l'Occident, de sa civilisation et de sa supériorité. Elle se résumait à l'ascension de l'Europe, fondée sur une généalogie qui remonterait à la Grèce antique. Mais ce « récit » cohérent et structuré est désormais contesté.

Bien des historiens, notamment anglo-saxons, de Jack Goody à Christopher Bayly, de Dipesh Chakrabarty à John M. Hobson, ont remis en cause les idées reçues : l'invention par l'Europe de la démocratie et du capitalisme, l'immanence de la démocratie et sa genèse grecque[1], l'immobilité de l'Orient depuis le

---

1. On doit beaucoup, pour avoir contesté cette idée, à un Français : Marcel Detienne. Lire, notamment, *Les Grecs et Nous*, Perrin, Paris, 2009.

xve siècle, l'absence d'histoire de l'Afrique – en un mot, le fait que l'Europe avait connu un destin « exceptionnel » à l'écart du reste de la planète. Pourtant, en dépit de ces remises en cause, les programmes de nos manuels d'histoire, aujourd'hui encore, reprennent une division en grandes périodes (1789-1848, 1848-1914, 1914-1989...) centrée sur l'Europe et les États-Unis, et ne se penchent sur le destin des peuples non blancs qu'à partir de l'histoire des Blancs.

Dans son livre *The Eastern Origins of Western Civilisation*[1], l'historien John M. Hobson rétablit les trois vérités majeures dont l'ignorance a permis d'occulter la place de l'Orient dans l'Histoire mondiale :

> D'abord, l'Orient a connu son propre développement économique après l'an 500. Ensuite, il a créé et maintenu une économie mondiale. Enfin et surtout, il a contribué de manière active et importante à l'émergence de l'Occident en inventant et exportant en Europe ses technologies, ses institutions, ses idées.

Qui sait que la première révolution manufacturière s'est amorcée au xie siècle dans la Chine des Song ? Le royaume produisait 125 000 tonnes de fer en 1078, alors qu'il fallut attendre 1788 pour que la Grande-Bretagne atteigne 76 000 tonnes. Les Chinois maîtrisaient des techniques avancées, notamment la production de

---

1. John M. Hobson, *The Eastern Origins of Western Civilisation*, Cambridge University Press, Cambridge, 2004.

fonte, et ils avaient déjà substitué le coke au charbon de bois pour résoudre les problèmes de la déforestation. Se produisit en Chine, durant cette période, une révolution dans les transports, l'énergie (avec les moulins à eau), l'administration (avec la généralisation de l'impôt). La population des villes augmenta, le commerce s'étendit, et une autre révolution, agricole celle-ci, permit d'atteindre une productivité que l'Europe ne devait rattraper qu'au xxe siècle.

Parmi les grandes puissances, la Chine est restée la première jusqu'en 1800, l'économie mondiale ayant été décrite par certains comme sino-centrée. Nombre de ses techniques, de ses idées et de ses institutions ont gagné les rivages de l'Europe et aidé au surgissement du capitalisme moderne. La révolution industrielle britannique n'aurait pas été possible sans l'apport de la Chine – ou des autres grands empires, de l'Inde aux califats musulmans. Pourtant, le « retard », voire l'« immobilisme », de l'Orient a servi à légitimer le « droit de coloniser ». L'Occident s'est ainsi trouvé fondé à dépecer l'Empire ottoman et à « civiliser » la Palestine, dont des études récentes ont montré que, loin d'être une terre abandonnée, elle connaissait aussi, à la fin du xixe siècle, un réel développement économique et culturel.

Qu'importe ! Les « sauvages », ces êtres inférieurs, devaient être « guidés » par l'homme blanc, dont c'était le « fardeau » sur terre, comme le professait Rudyard Kipling dans un célèbre poème de 1899 :

> Ô Blanc, reprends ton lourd fardeau :
> Envoie au loin ta plus forte race,
> Jette tes fils dans l'exil
> Pour servir les besoins de tes captifs ;
> Pour – lourdement équipé – veiller
> Sur les races sauvages et agitées,
> Sur vos peuples récemment conquis,
> Mi-diables, mi-enfants.
> Ô Blanc, reprends ton lourd fardeau :
> Non pas quelque œuvre royale,
> Mais un travail de serf, de tâcheron [...].
> Ô Blanc, reprends ton lourd fardeau ;
> Tes récompenses sont dérisoires :
> Le blâme de celui qui veut ton cadeau,
> La haine de ceux-là que tu surveilles.
> La foule des grondements funèbres
> Que tu guides vers la lumière :
> Pourquoi dissiper nos ténèbres,
> Nous offrir la liberté ?

Cette vision de l'histoire suscite maintenant de vives controverses, comme l'ont montré non seulement la polémique française sur les « aspects positifs » de la colonisation, mais aussi la volonté des peuples du Sud de solder ce « passé qui ne passe pas » – passé marqué par la dépossession des terres, le pillage des richesses, la mise à l'écart, voire l'extermination, des « peuples autochtones ». Une remise en cause qui trouve une illustration en Palestine, dernier vestige du rêve colonial. Faut-il s'étonner qu'en janvier 2009 des dizaines de milliers d'Indiens d'Amérique latine aient défilé, de la Bolivie au Venezuela, en solidarité avec les Palestiniens de Gaza ?

Si le débat autour de la Palestine et du colonialisme a pu prendre un tel essor, c'est qu'il a dépassé, grâce à la révolution de l'information, le cadre étroit des spécialistes pour toucher l'opinion la plus large. S'il fallait dater ce bouleversement, on pourrait le fixer au 2 août 1990, soit le début de l'invasion du Koweït par l'armée irakienne ; s'il fallait lui donner un visage, ce serait celui de la chaîne américaine CNN. Pour la première fois, grâce au numérique, le monde allait suivre « en direct », en images, minute après minute, jour après jour, semaine après semaine, le déroulement d'un affrontement militaire, politique et diplomatique majeur. C'est à travers les yeux de CNN que l'opinion internationale, y compris celle du monde arabe, a vu le conflit. Il est avéré que plusieurs dirigeants de la région, parmi lesquels Saddam Hussein, regardaient quasiment en permanence la chaîne, au point de prendre certaines de leurs décisions en fonction de telle ou telle information retransmise par elle. Le monopole de CNN pouvait faire croire que, dans ce domaine aussi, le XXIe siècle serait américain. Chaque citoyen du Proche-Orient se reflétait dans un « miroir » américain ; il ne perdait pas seulement son autonomie politique, mais en venait à déprécier sa propre culture, à se dévaloriser.

Pourtant, quelques années plus tard, une autre révolution, plus discrète, se produisit, dont témoigne l'incident suivant : au printemps 2006, une équipe de télévision se présenta dans un coin isolé du Dakota du Nord, aux États-Unis, à la frontière avec le Canada. Objectif des journalistes : comprendre pourquoi les gens quittaient la région. Un sujet somme toute banal... Cette visite déclencha immédiatement des réactions négatives, les autorités locales faisant pression sur les habitants pour qu'ils refusent de répondre aux questions. Les journalistes furent même arrêtés et interrogés par la police. Bien que tous trois américains – l'un était même un ancien marine qui avait servi en Irak –, les reporters travaillaient pour la chaîne Al-Jazira, considérée par beaucoup d'Américains comme une « télévision terroriste », au point d'être surnommée la « télévision de Ben Laden ».

Phobie antiterroriste ? Sûrement, mais aussi refus de la violation d'une règle d'autant mieux établie qu'elle est non écrite : ce sont les Blancs qui photographient, ce sont les « autres » que l'on photographie.

Pendant deux siècles, la parole, médiatique comme « scientifique » sur le monde a été monopolisée par le Nord : non seulement lui seul parlait de ce qui se passait à l'intérieur de ses propres frontières, mais c'était lui aussi qui parlait à la place des « autres », lesquels étaient « parlés ». Le Nord analysait les peuples du monde colonisé, les classait en races, en ethnies et en tribus, racontait sa version de leur histoire, décrivait leurs guerres et leurs famines, jugeait de leurs cultures ou de leurs religions. L'orientalisme fut la face scientifique de cette domination, comme Edward Said l'a si magistralement démontré. Et l'effondrement du système colonial n'a pas modifié cette réalité. D'autant que le système médiatique, marqué par l'hégémonie des grandes agences de presse occidentales, orientait le flux de l'information du Nord vers le Sud : le Nord fixe la hiérarchie des nouvelles à travers un prisme où le Sud est souvent réduit aux catastrophes.

C'est dans ce contexte qu'est née en 1996, au Qatar, la chaîne satellitaire Al-Jazira, dont la création a été saluée par les officiels américains comme un pas vers la démocratie dans le monde arabe. Dans un premier temps, en effet, les États-Unis mirent en avant les qualités professionnelles de ses journalistes, leur liberté de ton, les débats sans tabous, autant de pratiques absentes des chaînes officielles. Mais cette bienveillance devait être de courte durée. Le premier accroc survint avec l'échec des accords d'Oslo, qui avaient été signés en 1993 par les Palestiniens et les Israéliens, et avec le début de la seconde Intifada, en septembre 2000. La chaîne qatarie refusa alors de retransmettre le récit asséné par les médias américains et européens : Yasser Arafat aurait fait échouer le sommet de Camp David, organisé à l'été 2000 entre lui, le Premier ministre israélien Ehud Barak et le président américain Bill Clinton ; l'Intifada menacerait l'existence d'Israël et ce dernier aurait le « droit de se défendre » par tous les moyens ; la résistance s'identifierait au terrorisme, etc. Au contraire, Al-Jazira relayait les images de la terrible répression menée par l'armée israélienne ; elle relatait la politique ininterrompue de colonisation poursuivie par les gouvernements israéliens successifs, qu'ils fussent travaillistes ou de droite. La place centrale accordée à ce qui se passait sur le terrain en Cisjordanie et à Gaza contribua à la mobilisation des opinions arabes et au-delà, mais aboutit à dégrader l'image d'Al-Jazira aux États-Unis.

Il faut reconnaître que le « cadre d'analyse » diffère singulièrement selon que l'on regarde CNN (ou TF1, ou LCI...) ou Al-Jazira. Si pour la première les actions violentes palestiniennes relèvent du terrorisme, pour la seconde elles expriment avant tout la résistance d'un peuple soumis à l'occupation ; si pour les médias américains Israël est une démocratie et, à ce titre, mérite notre solidarité, pour Al-Jazira ce caractère démocratique n'est pas incompatible avec une politique de colonisation qui s'apparente à du terrorisme d'État ; si pour CNN la légitimité de l'« État juif » est indiscutable, pour la chaîne arabe le plan de partage de 1947 est une décision injuste aux conséquences encore dévastatrices pour les Palestiniens.

Tant que ces idées étaient relayées par des médias officiels arabes, instruments d'une propagande simpliste, l'Occident pouvait facilement les discréditer. Mais dès lors qu'elles furent propagées par une chaîne au professionnalisme bien ancré, qui donnait la parole aux différents protagonistes (y compris à des responsables israéliens qui faisaient valoir leur point de vue), cela devint intolérable. Pouvait-on diffuser une vision du monde différente de celle qui avait prévalu jusque-là ? Cette remise en cause de l'universalisme « blanc » brisait la certitude qu'il n'y aurait qu'une seule façon « objective » de voir le monde et de le montrer.

Al-Jazira a joué un rôle pionnier. Elle a été suivie par d'autres chaînes – arabes, brésiliennes, russes, indiennes (et demain chinoises ?) –, qui ont certes encore beaucoup de chemin à faire sur la voie du professionnalisme, mais qui bouleverseront, dans les prochaines années, le prisme et le contenu de l'information. La révolution culturelle provoquée par Internet y contribuera, car la Toile a permis de relayer des approches jusqu'alors occultées et de promouvoir une contre-information.

Désormais, nous vivons « en direct » l'actualité du Proche-Orient, celle de la Palestine en particulier. Les images du conflit envahissent les écrans et tendent à créer une seule scène mondiale, ce que ni le Vietnam ni l'Afrique du Sud n'avaient réussi à faire, du moins à cette échelle. Nous en savons bien plus sur cet affrontement que sur n'importe quel autre. Mais ce qui est plus nouveau encore, c'est que nous ne sommes plus soumis à une seule version. L'enjeu de cette information est tellement sensible que, durant les bombardements et l'invasion de Gaza (décembre 2008-janvier 2009), le gouvernement israélien a interdit aux journalistes étrangers de pénétrer sur ce territoire pour rendre compte de l'ampleur effroyable des destructions.

La diversité de ces points de vue ne doit pas nous conduire à un « relativisme » paresseux. S'il est normal que l'on réagisse différemment au conflit palestinien selon que l'on se trouve dans le monde musulman, en Europe ou sur le continent américain, il faut pourtant réaffirmer qu'il est incompréhensible que les principes et les critères de jugement appliqués par l'Occident soient « à géométrie variable », que des comportements injustifiés au Tibet soient admis en Palestine.

Les émeutes se sont étendues sur la rue principale de Jérusalem, au début de l'après-midi du 14 mars. Elles avaient commencé un peu avant dans une rue proche, quand deux religieux musulmans avaient été battus par les forces de sécurité (c'est en tous les cas ce que croient les Palestiniens, la version officielle étant que ces religieux avaient attaqué la police israélienne). Une foule de dizaines de personnes se livre à des saccages le long de cette rue, certains hurlant alors qu'ils jetaient des pierres contre des magasins appartenant à des juifs et aussi aux taxis dont la plupart des chauffeurs sont juifs. Les émeutes se sont rapidement propagées à travers les ruelles sinueuses de la vieille ville. [...] Des foules se sont assemblées, apparemment spontanément, dans de nombreuses parties du quartier. Elles ont attaqué les boutiques appartenant à des juifs. [...] La destruction a été systématique. Des boutiques qui appartenaient à des Palestiniens étaient marquées par des signes particuliers, elles ont échappé à la destruction. Presque toutes les autres ont été détruites.

Tout cela, vous ne l'avez évidemment pas lu dans la presse, et pour cause... C'est la description des émeutes de Lhassa de mars 2008 par le seul correspondant étranger présent sur place, reproduite dans l'hebdomadaire britannique *The Economist*[1]. Mais « Lhassa » a été remplacé par « Jérusalem », « Tibétains » par « Palestiniens », « Chinois » par « Israéliens » ou « juifs ».

Il appert de ce tableau que les émeutes de Lhassa ont été largement suscitées par des Tibétains, à l'origine de nombreuses exactions. Les médias occidentaux en ont peu parlé car leur « grille d'analyse » supposait, à juste titre, que les Tibétains étaient opprimés par le pouvoir central et que l'on ne pouvait donc condamner d'un trait de plume les exactions commises, si injustifiables fussent-elles. La question est de savoir pourquoi ce traitement médiatique est rarement accordé aux Palestiniens, alors que les résolutions des Nations unies considèrent la Cisjordanie, Gaza et Jérusalem comme

---

1. « Trashing the Beijing Road », *The Economist*, Londres, 19 mars 2008.

des territoires occupés depuis 1967 ? Les deux situations ne sont pas équivalentes et toute analogie a ses limites. Néanmoins, la comparaison est instructive car elle indique que, contrairement à ce que l'on clame ici ou là, le traitement du drame palestinien en Europe comme aux États-Unis est largement biaisé en faveur d'Israël, ce qui est d'autant plus dommageable que ce conflit a pris une dimension symbolique, devenant un paradigme de l'évolution du monde et de la remise en cause du droit du seul Occident à fixer les règles du jeu international.

CHAPITRE V

Où l'auteur conclut en laissant libre cours à sa candeur utopique

> *Il est facile de ne pas remarquer la terreur :*
> *elle se cache sous l'indifférence de ceux qui*
> *ne sont pas concernés, c'est-à-dire l'écra-*
> *sante majorité.*

Manès SPERBER,
Et le buisson devint cendre,
Odile Jacob, Paris, 1990.

Si un mort israélien vaut plusieurs morts palestiniens, combien faut-il de cadavres congolais pour un linceul gazaoui ? C'est un bête entrefilet de quelques lignes, une dépêche AFP que personne ne s'est donné la peine de réécrire ou de compléter. [...] 271 personnes auraient été tuées depuis le 25 décembre 2008 en République démocratique du Congo par les hommes de l'Armée de résistance du Seigneur (LRA en anglais), un groupe venu d'Ouganda et en route pour la République centrafricaine.

Voilà ce qu'écrivait le journaliste Hugues Serraf durant l'attaque israélienne contre Gaza[1]. L'interrogation est légitime, même si la conclusion est problématique :

Comprendre comment Israël est devenu le méchant idéal ; celui que vous adorerez haïr sans retenue puisque sans risque d'être contredit autrement que par un « sioniste » ; celui dont vous comparerez systématiquement les crapuleries à celles des nazis [...] Cette spécificité des réactions à ce qui touche Israël a peut-être des ressorts raisonnables que je suis honnêtement incapable de saisir. Peut-être est-il réellement possible de décréter que le conflit avec les Palestiniens est plus grave, plus intense, plus tragique – bref, plus tout et n'importe quoi que tout et n'importe quoi. Il faudra me le démontrer.

Essayons de le « démontrer », même si, sous sa feinte naïveté, l'opinion de Serraf semble arrêtée : c'est l'antisémitisme qui expliquerait cette « fixation » sur la Palestine, laquelle permettrait d'exprimer, sans honte et sans remords, cette « haine éternelle » à l'égard des juifs. La Palestine serait-elle le nouveau nom de l'antisémitisme ?

La place de la Palestine au cœur de la Terre sainte et d'un Proche-Orient riche en pétrole explique, en partie, le fait qu'elle ait souvent occupé, au moins depuis 1967, la Une de l'actualité *(lire annexe I)*. Pourtant,

---

1. Hugues Serraf, « De Gaza au Congo : des poids, une mesure », Rue89, 5 janvier 2009.

cette cause n'a longtemps suscité que peu d'indignation. Ni les millions de réfugiés parqués dans des
camps, ni le naufrage de tout un peuple en 1948-1949
n'ont ému l'Europe, traumatisée par la Seconde Guerre
mondiale. Après 1967, si la mobilisation de quelques
groupes d'extrême gauche européens en faveur des
fedayins s'inscrivit dans la solidarité mondiale anti-
impérialiste, dans l'exaltation de la « lutte armée » et
dans le grand rêve de révolution, elle se limita à des
cercles peu influents. Il fallut l'invasion israélienne du
Liban en 1982 et le déclenchement de la « révolte des
pierres » – la première Intifada – en 1987 pour que la
solidarité avec la Palestine déborde les groupes militants.

Le numéro des *Temps modernes* publié au moment
de la guerre de juin 1967 illustrait le malaise de la gauche française, y compris de ceux qui s'étaient engagés
ardemment dans le combat pour l'indépendance algé-
rienne et, plus largement, pour la décolonisation. Dans
sa préface à la revue, Jean-Paul Sartre ne dissimulait
pas son embarras :

> Je voulais seulement rappeler qu'il y a, chez beaucoup
> d'entre nous, cette détermination affective qui n'est pas,
> pour autant, un trait sans importance de notre subjectivité
> mais un effet général de circonstances historiques et parfai-
> tement objectives que nous ne sommes pas près d'oublier.
> Ainsi sommes-nous allergiques à tout ce qui pourrait, de
> près ou de loin, ressembler à de l'antisémitisme. À quoi

nombre d'Arabes répondront : « Nous ne sommes pas anti-sémites, mais anti-israéliens. » Sans doute ont-ils raison : mais peuvent-ils empêcher que ces Israéliens pour nous ne soient aussi des Juifs ?

On ne peut mieux résumer les réticences de la gauche européenne vis-à-vis de la cause palestinienne.

Réticences qui confinent à l'aveuglement : les Palestiniens en tant que tels ne sont même pas évoqués en 1967, alors que la menace sur Israël, peinte dans les termes les plus alarmistes dans les années 1960, perdait toute consistance réelle : le pays, appuyé par les États-Unis, pouvait vaincre toutes les armées arabes réunies. En Europe, comme l'expliquait Sartre, on percevait ce conflit à travers les persécutions antisémites et « la légitime aspiration à une patrie du peuple juif », chassé de ses terres deux mille ans plus tôt.

On peut alors, avant de revenir sur la question de l'antisémitisme, reformuler l'interrogation de Serraf et se demander plutôt pourquoi, après une si longue période de discrétion, la Palestine est devenue, comme l'énonçait le philosophe Étienne Balibar, une « cause universelle » ; pourquoi, en janvier 2009, des paysans latino-américains, mais aussi de jeunes Français et des vétérans de la lutte anti-apartheid sud-africains, sont descendus dans la rue pour dénoncer l'agression israélienne contre Gaza.

Pour quelle raison une cause mobilise-t-elle, à un moment donné, les opinions de tous les continents ? À partir des années 1960, le Vietnam (plus largement l'Indochine) puis l'Afrique du Sud ont occupé une place privilégiée dans l'actualité internationale. Était-ce justifié ? Les États-Unis expliquaient alors que le communisme portait la responsabilité de crimes bien plus graves que leur intervention au Vietnam. Le régime de l'apartheid, pour sa part, prétendait que l'on comptait moins de morts en Afrique du Sud que sous telle ou telle dictature du continent africain. L'assassinat du militant étudiant Steve Biko par les policiers de l'apartheid en septembre 1977, un an après les émeutes de Soweto, a suscité plus d'indignation que l'élimination à la même époque de milliers d'opposants par le dictateur éthiopien Haile Mariam Mengistu. C'est le même argument que reprend Serraf quand il explique que le conflit israélo-palestinien est bien moins meurtrier que les « petites guerres » aux confins de l'Ouganda et de la République démocratique du Congo.

Il n'empêche. Qu'on s'en désole ou pas, l'opinion publique internationale ne mesure pas ses réactions à la seule aune d'une comptabilité macabre. Car elle est sensible aussi à la portée symbolique des situations. À un moment donné, un conflit peut en effet exprimer la « vérité » d'une époque, dépasser le cadre étroit de sa localisation géographique pour gagner une signification universelle. Malgré leurs dissemblances, le Vietnam, l'Afrique du Sud et la Palestine se situent tous trois sur la ligne de faille entre Nord et Sud. L'histoire du siècle passé a certes été marquée par les deux guerres mondiales, par l'émergence, l'apogée et la chute du communisme et par l'affirmation de la puissance des États-Unis. Mais, comme nous l'avons montré au fil des chapitres précédents, elle a aussi vu s'émanciper du joug colonial la grande majorité de la population mondiale, qui a cherché à conquérir le droit de décider elle-même de son destin. Le Vietnam a symbolisé la lutte d'un petit peuple du Tiers Monde contre la principale puissance du Nord ; l'Afrique du Sud a illustré la révolte contre un système ségrégationniste dominé par les Blancs ; ultime survivance du « colonialisme de peuplement » européen, la Palestine cristallise les aspirations à un monde qui aura tourné la page de deux siècles de domination de l'Occident…

De quoi la Palestine est-elle devenue le nom ?

D'abord, de la domination coloniale de l'Occident. Ensuite, d'une injustice persistante, marquée par une violation permanente du droit international. Enfin, d'une logique de « deux poids, deux mesures », appliquée par les gouvernements, relayée par les Nations unies et théorisée par bon nombre d'intellectuels occidentaux. Au croisement de l'Orient et de l'Occident, du Sud et du Nord, la Palestine symbolise à la fois le monde ancien, marqué par l'hégémonie du Nord, et la gestation d'un monde nouveau fondé sur le principe de l'égalité entre les peuples.

Serraf a raison. La couverture de l'affrontement israélo-palestinien obéit à des règles différentes de celles qui prévalent pour les autres conflits, et Israël est jugé selon des principes spéciaux. En effet, quel autre exemple connaît-on d'une occupation condamnée depuis plus de quarante ans par les Nations unies sans résultats ni sanctions ? Quel autre cas existe-t-il de puissance conquérante pouvant installer plus de 500 000 colons dans les territoires qu'elle occupe (politique qui, en droit international, constitue un « crime de guerre ») sans que la communauté internationale émette autre chose que des condamnations verbales, sans effet ni suite ?

Le traitement infligé à l'Irak est emblématique de cette politique occidentale à géométrie variable. En août 1990, Saddam Hussein envahit le Koweït. En moins de quelques mois, les Nations unies condamnent l'agression, avalisent la création d'une coalition militaire contre Bagdad, puis le déclenchement des hostilités. Bilan : une guerre de destruction massive suivie d'un embargo meurtrier de plus de dix ans et parachevée par l'invasion américaine du pays en 2003. Des centaines de milliers d'Irakiens ont perdu la vie depuis août 1990. Imaginons un instant que, le 3 août 1990, les États-Unis et l'Union européenne aient demandé (comme ils le font depuis des décennies en Palestine) aux « deux parties » de discuter « de bonne foi » pour trouver un accord : vingt ans plus tard, le Koweït serait encore occupé...

Se drapant dans une lecture du génocide des juifs qui exonérerait *a priori* l'État d'Israël de toute responsabilité dans les crimes de guerre qui lui sont imputables depuis 1948, l'Occident refuse d'appliquer à ce conflit les mêmes critères d'analyse et de jugement que ceux qu'il applique à l'Irak, à la Serbie ou à l'Iran. Ailleurs, on se réclamera du « droit international », des « droits humains », de la liberté de la presse et du droit des journalistes à couvrir les guerres, de la nécessaire proportionnalité des actions. Les exactions serbes contre les Kosovars, souvent réelles, parfois exagérées par les médias internationaux, ont servi à justifier, en mars 1999, l'intervention militaire de l'OTAN contre la Serbie. Mais qu'une des plus puissantes armées du monde bombarde le minuscule territoire de Gaza, sur lequel s'entassent un million et demi de personnes, qu'elle en ruine les infrastructures, qu'elle détruise écoles et hôpitaux, tuant des centaines de civils, et les gouvernements occidentaux trouvent quantité d'excuses et de justifications à ce qu'ailleurs on qualifierait de « crimes de guerre » et de « crimes contre l'humanité ».

Philosémitisme occidental…

Est-ce à dire que la « question juive » serait sans rapport avec le conflit ? Bien sûr que non, et elle y a acquis un poids que l'on ne peut négliger, sous un double aspect – philosémitisme/antisémitisme – qu'il faut repla-

cer dans un contexte nouveau : alors qu'au début du
XXᵉ siècle les juifs étaient perçus comme une menace
pour la civilisation européenne, à l'aube du XXIᵉ siècle ce
sont les musulmans qui les ont remplacés à cette place
peu enviable de « boucs émissaires ». Et, depuis le 11 septembre 2001, la Palestine est souvent présentée comme
étant l'un des champs de bataille du choc des civilisations
qui opposerait le monde occidental à l'islamisme, au terrorisme islamique, voire à l'islam. Dans cette configura-
tion, Israël retrouve la place, dont avait rêvé Herzl, de
poste avancé de l'Occident contre les « barbares ».

La nouvelle droite radicale européenne, de Geert
Wilders aux Pays-Bas à Oskar Freysinger en Suisse,
ne s'y trompe pas, elle qui a relégué l'antisémitisme
au magasin des accessoires désuets. Freysinger,
l'homme à l'origine de la « votation » sur l'interdiction de la construction de minarets en novembre
2009, s'explique :

> Notre parti a toujours défendu Israël parce que nous som-
> mes bien conscients que, si Israël disparaissait, nous per-
> drions notre avant-garde. [...] Aussi longtemps que les
> musulmans sont concentrés sur Israël, le combat n'est pas
> dur pour nous. Mais aussitôt qu'Israël aura disparu, ils
> viendront s'emparer de l'Occident[1].

---

1. Cité par Olivier Moss *in* Patrick Haenni et Stéphane
Lathion (dir.), *Les Minarets de la discorde*, Infolio, coll. « Reli-
gioscope », Paris, 2009.

Le philosémitisme déborde le cadre étroit de la droite radicale pour devenir l'opinion la plus répandue parmi les intellectuels européens, y compris de gauche. Ce phénomène a été analysé de manière roborative par deux Israéliens, l'un laïque, Yitzhak Laor, l'autre religieux, Ivan Segré[1]. Le philosémitisme, remarque Segré, est la pièce maîtresse d'« une opération idéologique d'envergure visant à imposer le mot d'ordre d'une "défense de l'Occident" », un terme qui, pourtant, avait été disqualifié à la suite de son usage par Hitler, puis par les militants de quelques groupes musclés en Europe, qui écumaient fièrement le Quartier latin dans les années 1960 et dont l'un s'appelait précisément « Occident ». À l'heure même où la condamnation du nazisme semble unanime, le concept de « défense de l'Occident » retrouve une virginité inattendue.

Cette « opération idéologique » suppose d'abord d'identifier les juifs à l'Europe et de proclamer comme une évidence l'existence immémoriale d'une « civilisation judéo-chrétienne ». L'entreprise ne manque pas de piquant si l'on se rappelle que cette expression est née dans les années 1930, précisément pour contrer le

1. Yitzhak Laor, *Le Nouveau Philosémitisme européen et le « camp de la paix » israélien*, La Fabrique, Paris, 2007, et Ivan Segré, *La Réaction philosémite ou la trahison des clercs*, Lignes, Paris, 2009.

discours hitlérien de défense de l'Occident et de la civilisation chrétienne contre les juifs. Le philosophe français catholique Jacques Maritain écrivit ainsi en 1942 que la tradition « judéo-chrétienne » était la source des valeurs occidentales. Cette vision, fondée sur de louables intentions, continua d'être utilisée, notamment aux États-Unis, pour affirmer les valeurs du « monde libre » contre l'Union soviétique athée. Pourtant, dès les années 1960, elle tomba en désuétude, les guerres de libération anticoloniales mettant à bas l'idée d'une lutte de civilisation dans laquelle le Nord représenterait le Bien[1]. Paradoxalement, c'est avec la chute du mur de Berlin que la notion de « civilisation judéo-chrétienne » a connu une nouvelle jeunesse, dans une acception inédite puisque les juifs étaient inclus dans un Occident ressuscité au détriment des nouveaux parias, les musulmans.

Nul mieux que l'écrivain israélien Amos Oz n'a exprimé, à son corps défendant, cette posture ahistorique d'identification du judaïsme à l'Europe. Dans un discours sur les années 1930 prononcé à Francfort en 2005, il expliquait :

> À l'époque, les trois quarts de l'Europe n'aspiraient qu'à se débarrasser définitivement de tous ces paneuropéens

---

1. Pour tout ce paragraphe, on lira la passionnante analyse de Mark Silk, « Notes on the Judeo-Christian Tradition in America », *American Quarterly*, vol. 36, n° 1, printemps 1984.

fervents, polyglottes, férus de poésie, convaincus de la supériorité morale de l'Europe, amateurs de danse et d'opéra,
amoureux du patrimoine paneuropéen, rêvant d'une unité
européenne post-nationale, prisant la courtoisie, les toilettes
et les modes européennes, admirateurs inconditionnels
d'une Europe que depuis des années [...] ils s'étaient éver-
tués à amadouer, à enrichir dans tous les domaines et par
tous les moyens, s'efforçant de s'intégrer, de l'attendrir en
lui faisant une cour effrénée, de se faire aimer, accepter, de
la satisfaire, d'en faire partie, d'être aimé.

À cette invraisemblable distorsion des faits, Yitzhak
Laor rétorque :

Les juifs assassinés en Europe n'étaient pas une nation
d'« europhiles ». [...] Ils n'étaient pas « polyglottes, férus de
poésie, convaincus de la supériorité morale de l'Europe,
amateurs de danse et d'opéra », etc. Un tel propos est une
offense aux victimes du génocide, dont la majorité n'allait
jamais à l'opéra ni ne lisait de poésie européenne.

Amos Oz nie tout simplement l'altérité des victimes
juives, qui ressemblaient bien plus aux travailleurs
immigrés d'aujourd'hui qu'à des Européens « bien éle-
vés », comme le révèlent les photos des ghettos est-
européens, mais aussi les mesures de restriction de
l'immigration juive imposées par les gouvernements
européens et par celui des États-Unis dans le premier
tiers du XXe siècle.

Ce rejet de l'idée d'une « civilisation judéo-
chrétienne » remontant à des millénaires n'émane pas
exclusivement de milieux laïques, mais aussi d'intel-

lectuels religieux, et ce dès les années 1930. Plus tard, le grand philosophe Yeshayahou Leibowitz les rejoignit dans un texte célèbre publié en 1968 par le quotidien *Haaretz*, « Sur le prétendu "héritage judéo-chrétien commun" ».

Plus récemment, analysant le discours de nombre d'intellectuels médiatiques français, de Bernard-Henri Lévy à Alexandre Adler, de Pierre-André Taguieff à Alain Finkielkraut, Ivan Segré a dénoncé la dissolution du judaïsme et de sa singularité dans le christianisme et l'Occident. Car, pour lui, elle constitue le deuxième acte de l'« opération idéologique d'envergure » visant à imposer le mot d'ordre de « défense de l'Occident ». Alain Finkielkraut y apporte sa contribution : le philosophe prétend que l'Amérique représente l'« image inversée d'Auschwitz » et que le « souvenir d'Auschwitz » est devenu la loi morale de la conscience démocratique. S'opposer à la politique des États-Unis revient ainsi à faire preuve d'un antisémitisme plus ou moins honteux.

Parallèlement, on assiste à une relégation du génocide « loin de l'Europe ». Shlomo Sand, un historien israélien rendu célèbre par son essai *Comment le peuple juif fut inventé*, avait publié auparavant un intéressant ouvrage, *Le XXᵉ Siècle à l'écran*[1], dans lequel il

---

1. Shlomo Sand, *Comment le peuple juif fut inventé*, Fayard, Paris, 2008, et *Le XXᵉ Siècle à l'écran*, Seuil, Paris, 2004.

revenait sur *Shoah*, le film de Claude Lanzmann (1985). Outre que ce documentaire fut financé par le gouvernement israélien à travers une société écran, Sand note :

> Il posait une coupure totale entre le monde de la haute culture et la « solution finale ». *Shoah* repousse, en effet, le meurtre de masse dans les franges incultes de l'Europe. Tous les lieux physiques en relation avec l'Holocauste sont des bourgades polonaises, et les ruines des camps se situent également en Pologne, [le film escamotant ainsi totalement le fait que] les décisions, l'organisation et la logistique de cette entreprise de mort émanèrent bien des centres de la haute culture allemande [...].

Une partie de la généalogie occidentale du génocide est donc délibérément occultée. Ni les massacres coloniaux, ni l'eugénisme, ni la brutalisation de la vie européenne avec la Première Guerre mondiale ne sont rappelés, car ils obligeraient à essayer de comprendre pourquoi la civilisation occidentale et sa « haute culture » ont engendré le nazisme – même s'il n'y avait aucune prédestination faisant du génocide des juifs la « vérité » de l'Occident.

... et antisémitisme arabe ?

Mais ce génocide serait-il la « vérité » du monde musulman ? Né bien avant le conflit israélo-palestinien, sous les oripeaux religieux de la judéophobie, l'antisémitisme l'accompagne désormais. On connaît la persistance d'une assimilation entre judaïsme et sionisme, ainsi que l'usage de certaines thèses sur « les juifs et l'argent » ou « le complot juif mondial » ; on ne peut nier le recours de certains défenseurs de la cause palestinienne à des arguments antisémites qui, par ailleurs, se répandent dans le monde arabe. Sans étudier ici en détail le sort des juifs dans les sociétés musulmanes au cours de l'histoire, on peut dire que, jusqu'au début du XVIIIᵉ siècle au moins, il valait mieux être juif dans l'Empire ottoman qu'en Europe, en dépit des aléas induits par l'alternance de longues périodes de tolérance et de courts moments de persécution. C'est d'ailleurs dans cet empire que se réfugièrent les juifs chassés par la Reconquista catholique de l'Espagne au XVᵉ siècle. Leur émancipation sur le Vieux Continent, le début de l'aventure coloniale, la défense par l'Europe des « minorités » religieuses, chrétiennes pour l'essentiel mais aussi juives, ont contribué à des changements dans le statut des juifs et dans leur perception par leur environnement arabe. Ainsi le décret Crémieux de 1870 faisait-il des juifs algériens des citoyens français, les arrachant à leur culture arabe et les poussant à se séparer de leur environnement humain. Mais c'est surtout le conflit palestinien qui a avivé les tensions et fragilisé la situation des juifs, comme je l'ai évoqué dans le cas de l'Égypte des années 1950.

Dans les mouvements se réclamant de l'islam, le combat pour la Palestine a donné lieu à un discours judéophobe à connotation religieuse, mais non raciale. Parallèlement s'est renforcé un « racisme de guerre » que l'on peut observer dans tout conflit durable : entre Français et Allemands, entre Serbes et Croates, entre Turcs et Arméniens, etc. La prolongation de l'affrontement a nourri ce discours, alimenté par l'exploitation de la frustration et de la répression des Palestiniens ; il emprunte parfois au traditionnel antisémitisme européen – que l'on songe à la diffusion dans le monde arabe des *Protocoles des sages de Sion.* Ces harangues haineuses, encouragées par les gouvernements arabes, y compris par ceux qui ont signé la paix avec Israël, représentent une utile diversion pour faire oublier le caractère autoritaire et corrompu de leurs régimes. La libération de la Palestine en est-elle moins légitime ? Hier, des pouvoirs africains despotiques s'indignaient de l'apartheid en Afrique du Sud : cela discréditait-il la légitimité du combat contre le « pouvoir blanc » ?

L'autodéfinition d'Israël comme « État du peuple juif » alimente, par ailleurs, la confusion entre judaïsme, sionisme et Israël. Comment les différencier alors qu'Israël lui-même fait tout pour les confondre ? Comment éviter les amalgames alors que des citoyens français ou américains de confession juive peuvent accomplir leur service militaire dans une armée d'occupation ?

De plus, l'usage que font Israël et les pays occidentaux du génocide des juifs pour justifier l'écrasement
des Palestiniens amène certains, croyant réagir contre
cette impunité, à aller jusqu'à nier sa réalité : « Si le
génocide permet d'exonérer Israël, alors nous le
nions. » Cette remise en cause est portée notamment
par le président Mahmoud Ahmadinejad, même s'il se
défend de tout antisémitisme : les juifs iraniens représentent la plus forte communauté de cette religion au
Proche-Orient hors des frontières d'Israël. Comme
nous y invite Gilbert Achcar, nous devons toutefois différencier un antisionisme outrancier d'un véritable
antisémitisme.

> L'attitude de beaucoup la plus répandue, loin de taire ou
> de nier la Shoah ou les horreurs du nazisme, accuse Israël
> de les imiter ou de les reproduire – et parfois même de les
> surpasser.

Au-delà de cette rhétorique de surenchère, très
répandue au Proche-Orient, il faut noter l'opposition
entre « la référence au nazisme comme abjection
suprême pour stigmatiser son adversaire » et « la négation de la Shoah ou, pis encore, la justification des crimes nazis ».

À ceux des Arabes ou des musulmans qui mettent en
doute le génocide des juifs et célèbrent l'intellectuel
français Roger Garaudy, chantre du négationnisme,
Edward Said répliquait :

Pourquoi attendons-nous du monde entier qu'il prenne conscience de nos souffrances en tant qu'Arabes si nous ne sommes pas en mesure de prendre conscience de celles des autres, quand bien même il s'agit de nos oppresseurs ? [...] Dire que nous devons prendre conscience de la réalité de l'Holocauste ne signifie aucunement accepter l'idée selon laquelle l'Holocauste excuse le sionisme du mal fait aux Palestiniens[1].

À l'évidence, la prolongation du conflit nourrit les visions les plus obscurantistes et les plus dangereuses pour l'avenir pacifique de la région et pour tout espoir de coexistence à terme.

En Europe et aux États-Unis, en revanche, l'antisémitisme traditionnel se marginalise. Après la Seconde Guerre mondiale, Léon Blum renonça à la présidence de la République parce que la société française n'était pas prête à le voir occuper une telle fonction. Désormais, en France comme dans la plupart des pays européens, du moins à l'Ouest, n'importe quel poste peut échoir à un juif. Toutes les grandes formations politiques, à l'exception du Front national, combattent l'antisémitisme, et la France a reconnu, bien que tardivement, sa responsabilité dans les crimes de Vichy. Les nouvelles générations ont grandi avec l'enseignement du génocide nazi : des programmes scolaires à ceux de la télévision, des commémorations aux discours politi-

---

1. *Le Monde diplomatique,* Paris, août 1998, *op. cit.*

ques, il ne se passe guère de semaine sans que celui-ci soit évoqué. Si l'on assiste, depuis quelques années, à une recrudescence des actes antisémites, ces derniers sont limités et suivent la courbe des événements de Palestine, s'apparentant largement au « racisme de guerre » déjà évoqué. On ne peut dresser aucun parallèle avec la situation des années 1930, quand l'antisémitisme était non seulement une « opinion », mais l'étendard de grands courants politiques, voire la politique officielle de certains États. S'il doit être combattu sans concession, comme toute forme de racisme, il n'est plus une menace centrale dans les sociétés occidentales, contrairement à l'islamophobie et au rejet des musulmans.

Rêves de paix

Il est facile de résumer l'état du conflit de Palestine : une impasse meurtrière alimentée par les haines et les peurs, une injustice insupportable cachée « sous l'indifférence de ceux qui ne sont pas concernés ». La seule solution qui apparaissait jusque-là réaliste, deux États vivant côte à côte, s'éloigne à la vitesse à laquelle s'étend la colonisation en Cisjordanie et à Jérusalem. Dans le même temps, le projet d'un seul État du Jourdain à la Méditerranée est rejeté par l'immense majorité des Israéliens et une grande partie des Palestiniens.

Depuis plusieurs décennies, nous assistons à des tentatives de règlement fondées sur des discussions entre dirigeants des deux camps, depuis les accords israélo-égyptiens de Camp David (1978) jusqu'aux négociations entre Damas et Tel-Aviv (1994-2000), en passant par les accords d'Oslo, avec la poignée de main entre Yasser Arafat et Yitzhak Rabin (1993). Malgré les traités bilatéraux conclus par Israël avec l'Égypte puis avec la Jordanie, malgré l'instauration d'une Autorité palestinienne confinée à des tâches de gestion et de maintien de l'ordre, cette stratégie a échoué. Dans cette région toujours entre deux guerres, les animosités et les armes s'accumulent. On peut y trouver mille et une explications, mais la principale va chercher sa source aux origines mêmes du conflit, dans le caractère colonial de l'entreprise sioniste. Celle-ci nourrit un sentiment de supériorité vis-à-vis des populations « indigènes » qui pousse le groupe dirigeant israélien à refuser de reconnaître, dans les faits, l'égalité des Palestiniens et leur droit à l'autodétermination. Même les accords d'Oslo n'ont pas entamé cette arrogance ni l'idée que « la vie d'un Palestinien ne vaut pas la sécurité d'un Israélien ». Arguant de l'hostilité de ses voisins, se prévalant du génocide des juifs durant la Seconde Guerre mondiale, les dirigeants israéliens ont construit une conception de la sécurité fondée sur la domination absolue – conception qui entraîne le pays dans des guerres sans fin tant l'objectif est hors d'atteinte pour n'importe quel État dans le monde.

La perspective d'une sécurité absolue s'éloigne d'autant plus que l'entreprise sioniste a été incapable de refouler au loin les populations autochtones : des millions de Palestiniens s'accrochent à leurs terres. La « menace démographique » reste d'ailleurs la crainte majeure des dirigeants israéliens. Pour la combattre, tous les moyens sont bons, y compris celui consistant à faire venir des immigrants qui, à défaut d'être juifs, ont le mérite d'être « blancs » : ainsi, sur le million d'ex-Soviétiques qui se sont vu accorder la citoyenneté israélienne, 300 000 à 400 000 ne seraient pas juifs. Et qu'importe si certains professent ouvertement leur antisémitisme : en 2007, la presse israélienne rapportait que des croix gammées et des inscriptions antijuives avaient été retrouvées sur les murs d'écoles et de synagogues, et que des agressions contre des juifs religieux avaient été commises[1]. Le Parlement israélien a décidé en février 2008 d'interdire... la promotion de l'idéologie nazie.

La séparation des populations – et non la paix – est un but d'autant plus irréaliste que celles-ci sont imbriquées de façon croissante sur le plan géographique. Comme le reconnaissait, avec une grande franchise, le

---

1. *Le Figaro*, Paris, 22 avril 2007.

ministre israélien de la Défense Ehud Barak en février 2010 :

> Aussi longtemps qu'entre le Jourdain et la mer Méditerranée il n'existe qu'une seule entité politique appelée Israël, elle aura le choix entre être non juive et être non démocratique. Si les Palestiniens votent, ce sera un État binational ; s'ils ne votent pas, ce sera un État d'apartheid.

Et comme ces mêmes dirigeants refusent dans les faits la création d'un État palestinien indépendant et souverain, la conclusion d'une telle assertion s'impose sans difficulté...

Paradoxalement, cette réalité inextricable fait apparaître les termes d'une solution sûrement moins utopique que celles qui ont été envisagées jusqu'à maintenant. Comme postulat, une donnée incontournable : la présence aujourd'hui sur la terre historique de la Palestine de deux communautés d'égale importance numérique. On peut soupeser les injustices, énumérer les malheurs, analyser les erreurs à l'origine de cet imbroglio, les faits sont têtus : les Juifs israéliens comme les Arabes palestiniens sont là pour rester, aucun des deux protagonistes n'étant à même de chasser l'autre. Qui peut souhaiter, d'ailleurs, à la fois sur le plan moral et sur le plan politique, que l'on répare le déni de justice fait aux Palestiniens par un autre déni dont serait victime, demain, la population juive israélienne ?

Quelle qu'en soit la forme institutionnelle (deux États, une confédération, un État binational, un État unitaire sur le modèle sud-africain), toute solution impliquera obligatoirement les deux peuples. Cette conception était à la base du projet d'État démocratique prôné à la fin des années 1960 par le Fatah de Yasser Arafat, où auraient coexisté chrétiens, juifs et musulmans. Constatant son incapacité à mobiliser en sa faveur une fraction significative de la population juive israélienne, pressée de se voir reconnue par la communauté internationale après la guerre d'octobre 1973, l'Organisation de libération de la Palestine (OLP) avait finalement renoncé à cette option pour se rallier à la solution des deux États séparés.

Si l'on accepte cette réalité – la présence sur la terre de Palestine de deux peuples –, il faut en tirer les conséquences : la solution ne peut être imposée par l'une des deux parties ; elle nécessite un combat commun pour un projet commun. Projet chimérique ? Pas plus que le pari de l'ANC sud-africain élaborant, au début des années 1960, son programme de société « arc-en-ciel », non seulement contre les tenants de l'apartheid mais aussi contre ceux qui prônaient le « pouvoir noir ». Un homme (ou une femme), une voix... Il ne s'agit pas ici de fixer les contours précis d'un dénouement idéal, qui ne peut être dessiné que par les protagonistes, mais plutôt de réfléchir sur la voie à emprunter.

Tout d'abord, la paix ne peut s'édifier solidement sur l'ambiguïté et les faux-semblants qui ont marqué le processus d'Oslo. Elle nécessite la reconnaissance de l'oppression des Palestiniens, de la domination qu'exerce Israël, et aussi la dénonciation du sentiment de supériorité qui permet à son gouvernement de s'affranchir non seulement du droit et des conventions internationales, mais aussi des valeurs humanistes qu'il prétend incarner. Lors d'une manifestation organisée le 9 avril 2010 dans le quartier Cheikh Jarrah de Jérusalem pour protester contre les expulsions de familles palestiniennes, l'écrivain israélien David Grossman reconnaissait : « Nous avons cultivé une espèce de plante carnivore qui, lentement, nous avale. » S'il ne fait plus bon vivre en Israël pour les Palestiniens, c'est aussi le cas pour tous ceux pour qui « humanité », « morale » et « droits civiques » ne sont pas des gros mots. Le racisme s'impose en Israël, y compris dans les livres scolaires. L'atmosphère, s'inquiète Avraham Burg, ancien président du Parlement, rappelle celle de l'Allemagne des années 1930, à la veille de la prise du pouvoir par les nazis :

En quoi nos slogans « Les Arabes dehors » et « Transfert immédiat » sont-ils différents des mots d'ordre des foules déchaînées hurlant « Juden raus » ? [...] Ne dites pas : « Ce ne sont que des paroles ». Ils reflètent une réalité[1].

---

1. Avraham Burg, *Vaincre Hitler*, Fayard, Paris, 2008.

De même, l'escalade de la répression contre les organisations israéliennes de défense des droits humains, notamment depuis l'intervention à Gaza, confirme cette assertion de Karl Marx selon laquelle « un peuple qui en opprime un autre ne saurait être libre ». On peut d'ailleurs imaginer ce que serait devenue la France si la guerre d'Algérie avait duré cinquante ans.

Ce refus de l'oppression et de la domination peut favoriser une lutte commune, concrète et quotidienne, comme l'illustre la mobilisation des Palestiniens et des Israéliens pour la destruction du « mur de l'apartheid ». Construit en territoire palestinien le long de la Ligne verte, qui séparait la Cisjordanie d'Israël avant la guerre de 1967, ce mur de sept cents kilomètres est censé séparer les populations. En réalité, il entérine l'annexion de territoires supplémentaires par Israël et l'enfermement de dizaines de milliers de Palestiniens.

Mobilisation commune également contre la colonisation, y compris à Jérusalem-Est, où elle chasse les familles arabes de leurs maisons, de leurs terres. Et contre la militarisation d'Israël, où l'embrigadement de la jeunesse et le poids des généraux sont sans équivalents dans le reste des pays démocratiques. Le refus de soldats et d'officiers de servir dans les territoires occupés ou lors des guerres d'agression se révèle porteur d'espoir.

Tous ces mouvements de contestation n'ont, pour l'instant, qu'une expression politique limitée en Israël et restent en butte à de multiples difficultés du fait de la répression et de leur faible impact sur les Israéliens, qui dans une large majorité sont acquis à la politique sécuritaire de leurs gouvernements successifs. Ils ne pourront donc se développer sans un vaste mouvement international, comme celui qui commence à s'exprimer à travers la campagne « Boycott, désinvestissement et sanctions », dont le principe est de faire comprendre à la population israélienne que la poursuite de l'occupation a un prix – à l'instar du boycott et des sanctions internationales qui avaient frappé le régime d'apartheid sud-africain et avaient accéléré son déclin et sa chute.

Qu'en est-il de l'usage de la violence ? La violence de l'oppresseur provoque toujours celle de l'opprimé et légitime son droit de résister, y compris par les armes, à l'occupation. Le rêve des conquérants est de trouver des « occupés » acceptant de collaborer. Et toujours la violence de l'occupé qui refuse son sort est qualifiée de « terroriste ». Mais ce droit à user de la violence doit être subordonné à l'efficacité recherchée et doit donc rester en phase avec l'objectif à atteindre.

Quand l'ANC décida de recourir à la violence au début des années 1960, il disposait, selon ses dirigeants, de trois options : le sabotage, le terrorisme et la guérilla. Cette dernière option était irréaliste et la deuxième allait à l'encontre de son objectif, qui était de gagner une partie des Blancs à sa cause. Le choix du sabotage fut finalement retenu.

La lutte armée engagée par l'OLP dans les années 1960 et 1970 lui a permis de rallier les masses palestiniennes, en particulier celles des camps de réfugiés, mais elle n'a jamais prouvé son efficacité militaire. Le terrorisme à l'extérieur des frontières d'Israël, utilisé au début des années 1970, a vite été abandonné, ses effets négatifs sur l'opinion mondiale ayant terni la cause palestinienne. Pourtant, la rhétorique de la lutte armée a survécu à ces échecs et a même repris de la vigueur depuis le déclenchement de la seconde Intifada, en septembre 2000, avec le recours aux attentats suicides. Ces actions présentent un double écueil : d'une part, les attaques contre des civils sont difficilement acceptables, même si l'on considère que la violence israélienne s'exerce aussi et surtout contre des civils ; d'autre part, elles ont un impact désastreux, non seulement parce qu'elles aliènent nombre de sympathies internationales à la cause palestinienne, mais aussi parce qu'elles soudent encore plus les Juifs israéliens autour de leur gouvernement. Il n'est donc pas étonnant que les mouvements de citoyens, palestiniens et israéliens, mobilisés contre l'édification du mur ou la confiscation de terres palestiniennes s'inscrivent dans des stratégies non violentes. Tentative difficile compte tenu de la brutalité de la répression israélienne et du désir de vengeance qu'elle suscite, mais aussi du désespoir créé par l'absence de toute perspective politique ou diplomatique.

Une nouvelle stratégie suppose aussi la prise en compte par ces mouvements, dès aujourd'hui, des deux traumatismes majeurs qui ont frappé les deux populations : le génocide pour les juifs et la Nakba (la défaite de 1948-1949) pour les Palestiniens. Yasser Arafat l'avait en partie compris, lui qui avait tenté, mais sans succès, de se rendre à Auschwitz. Lors des négociations de Taba, en janvier 2001, Yossi Beilin, à l'époque ministre israélien de la Justice, avait accepté de reconnaître une responsabilité au moins partielle de son pays dans l'expulsion des réfugiés palestiniens.

Il ne s'agit ni d'établir une équivalence absurde entre deux drames, ni de prétendre que le génocide des juifs « justifie » l'existence d'Israël, mais de prendre acte de l'existence, de part et d'autre, d'une souffrance profonde à l'origine de peurs existentielles. Et cette souffrance doit être soignée, car, comme l'écrit Avraham Burg, on ne peut pas bâtir durablement une identité sur « la base de l'un des plus grands traumatismes que l'humanité ait connus[1] ».

Au-delà, il appartient aux citoyens juifs israéliens et palestiniens qui, ensemble, luttent contre l'occupation de bâtir non pas un récit historique commun, mais deux récits au moins parallèles, sinon compatibles.

---

1. *Ibid.*

Dans ce domaine aussi, l'Afrique du Sud offre quelques leçons utiles. Mandela raconte dans ses mémoires que, rencontrant en 1989 pour la première fois le président Pieter Botha, il évoqua avec lui la révolte des Boers contre les Anglais à la fin du XIXe siècle – une insurrection de colons contre la métropole.

> Je dis qu'à mon avis notre lutte était parallèle à cette révolte célèbre, et nous parlâmes de cet épisode historique pendant quelque temps. Évidemment, l'histoire sud-africaine apparaît très différente à des Noirs et à des Blancs. Eux voyaient leur révolte comme une querelle entre frères et ma lutte comme une révolution. Je dis qu'on pouvait aussi la considérer comme une lutte entre frères qui se trouvaient être de couleurs différentes[1].

Mandela voulait « soigner » les blessures de l'Histoire. La bataille dite de la « rivière sanglante » offre un autre exemple surprenant. Le 16 décembre 1838, les Boers, qui avaient fui la domination britannique en commençant un long exil intérieur surnommé le Grand Trek – une épopée qui allait façonner la communauté afrikaner –, se heurtèrent, au bord de la rivière Ncome, au roi zoulou. Celui-ci, quelques jours auparavant, avait fait exécuter Piet Retief, un dirigeant boer, en même temps que soixante-dix de ses compagnons venus négocier. Au cours des combats, plusieurs

---

1. Nelson Mandela, *Un long chemin vers la liberté*, Le Livre de poche, Paris, 1995.

milliers de Zoulous furent tués et le cours d'eau, teinté de sang, prit le nom de « rivière sanglante ». Cette journée, célébrée tous les ans, constitue un élément central de la mythologie des Afrikaners et de leur identité. Depuis la chute de l'apartheid, le 16 décembre, maintenu jour férié, est devenu « Journée de la réconciliation ». En 1998, un des ministres noirs du gouvernement a présenté ses excuses pour le massacre de Piet Retief et de ses compagnons, tout en rappelant les souffrances des Zoulous au cours de l'histoire : « Ce jour, a-t-il poursuivi, doit marquer un nouveau pacte pour bâtir ensemble un pays nouveau. » Peut-on imaginer que, dans la future entité érigée sur la terre de Palestine, certains événements de l'histoire judéo-israélienne soient célébrés conjointement avec d'autres, issus de l'histoire palestinienne ?

Par ailleurs, l'interminable conflit a creusé entre les deux communautés un fossé fait d'un nombre incalculable de crimes. Si l'on ne peut mettre sur le même plan la violence de l'exil forcé, de l'occupation et de l'oppression et celle de la résistance, nul doute cependant que toutes deux ont créé des traumatismes durables. La douleur d'une mère qui perd son enfant est toujours la même, que ce soit à la suite d'un bombardement israélien ou d'un attentat suicide palestinien. Edward Said appelait à la création d'une commission Vérité et réconciliation, sur le modèle sud-africain, afin de rendre publiques les violations des droits humains, qu'elles aient été commises par des Palestiniens ou par des Israéliens. La commission des Nations unies mise sur pied après l'offensive israélienne contre Gaza, à l'hiver 2008-2009, et présidée par le juge Richard Goldstone[1] en offre un exemple. Parallèlement aux demandes totalement justifiées de faire passer devant la Cour pénale internationale les responsables des massacres de Gaza, peut-on concevoir que, dès aujourd'hui, des citoyens israéliens et palestiniens mettent en place des forums d'enquête et de témoignage pour surmonter les traumatismes du conflit ?

On pourra souligner le caractère utopique d'une telle perspective, que ce soit en termes politiques ou sur le plan des rapports de force internationaux et régionaux. C'est sans doute vrai. Mais il est possible d'envisager les étapes qui contribueraient à faire baisser les tensions et à rendre plus aisée la voie que nous avons indiquée. Le président Obama s'engagera-t-il vraiment à imposer un État palestinien en Cisjordanie et à Gaza, avec Jérusalem-Est comme capitale ? Un tel État, avec toutes ses limites, permettra-t-il de tourner une page dans les relations entre les Juifs et les Arabes de Palestine ? On peut l'espérer, mais l'avenir doit

---

1. Juriste sud-africain, il a été procureur au Tribunal international pour l'ex-Yougoslavie et le Rwanda. D'origine juive, il affiche ses convictions sionistes.

rester à un monde fondé sur des valeurs universelles, qui transcendent les divisions ethniques ou nationales.

Citons le grand écrivain sud-africain André Brink, qui raconte cette anecdote survenue dans son pays débarrassé de l'apartheid :

> À l'âge de cinq ans, le fils d'un ami du Cap venait d'entrer en maternelle. Pour le plus grand plaisir de mon ami, qui est blanc, son fils se lia très vite d'amitié avec un petit garçon noir. Ce n'était pas une amitié ordinaire. Les deux enfants étaient inséparables. Au bout de quelques mois, un après-midi, le petit garçon blanc était là lorsque le père de son camarade noir vint chercher celui-ci à la sortie de l'école. L'enfant regarda l'homme bouche bée. Le lendemain matin, il se rendit très tôt à l'école pour y attendre son camarade. Dès qu'il le vit, il courut au portail, tellement excité qu'il était pantelant : « Tu ne m'avais pas dit, s'exclama-t-il, que ton papa était noir. »[1]

_____

1. André Brink, *Mes bifurcations*, Actes Sud, Arles, 2010.

Où l'on découvre que la religion cache parfois des intérêts sonnants et trébuchants

L'histoire est impossible, si l'on n'admet hautement qu'il y a pour la sincérité plusieurs mesures. [...] Il n'est pas de grande fondation qui ne repose sur une légende. Le seul coupable, en pareil cas, c'est l'Humanité qui veut être trompée.

Ernest RENAN, *La Vie de Jésus*, 1863.

« Saladin, nous voilà de retour ! » Cette phrase a-t-elle vraiment été prononcée par un général français, après la conquête de Damas en 1920, devant la tombe du fameux adversaire de Richard Cœur de Lion, le libérateur de Jérusalem pour les musulmans ? Le propos n'est pas avéré, mais il est pourtant régulièrement cité. Il éclaire l'arrière-plan des affrontements autour de la Palestine et, plus largement, du Proche-Orient. Dans la mémoire collective, sans cesse renouvelée, les croisades représentent en effet le paradigme des affrontements entre l'Orient et l'Occident. Des intérêts plus prosaïques servent pourtant de soubassement aux rivalités décrites comme spirituelles et religieuses et forment le terreau fertile des affrontements actuels.

Situé au carrefour de trois continents, le Levant a été, tout au long de l'histoire, un lieu de passage obligé pour une grande partie du commerce mondial. Dès le XIXe siècle, son contrôle est devenu essentiel pour Londres, qui voulait protéger la route des Indes, joyau de son empire, notamment après l'ouverture du canal de Suez en 1867. De plus, au siècle suivant, la région s'est révélée être le plus riche réservoir pétrolifère de la planète. La découverte de l'« or noir » en Iran en 1908, la décision de la marine britannique de remplacer le charbon par le fuel, l'apparition des véhicules motorisés et des blindés durant la Première Guerre mondiale furent autant de raisons qui accrurent l'importance du pétrole, expliquant la volonté des Britanniques et des Français de s'assurer le contrôle de la région.

L'affrontement autour de la Palestine s'est engagé avant même l'effondrement des empires ottoman et tsariste ; il s'est poursuivi durant la marche vers la Seconde Guerre mondiale, s'est intensifié avec la guerre froide, et a résisté au « nouvel ordre international » né de la chute de l'URSS. Il se prolonge aujourd'hui sans que personne puisse entrevoir une issue à court terme.

Depuis 1967, des guerres, dont certaines ont failli dégénérer en conflit ouvert entre les blocs soviétique et américain, ont installé le Proche-Orient à l'avant-scène de l'actualité. La guerre de juin 1967 a abouti à l'occupation de la Cisjordanie, de Gaza, de Jérusalem-Est, du Golan et du Sinaï. Durant la guerre d'usure qui s'est ensuivie (1968-1970), Israël et l'Égypte se sont affrontés et de nombreuses villes égyptiennes ont été bombardées. Avec la guerre d'octobre 1973, dite du Ramadan ou du Kippour, Le Caire et Damas tentèrent de récupérer leurs territoires occupés en 1967, ce qui conduisit à une « demi-victoire » arabe ; les États-Unis, craignant une intervention soviétique, déclenchèrent, pour la première et unique fois de leur histoire, une alerte nucléaire de niveau 3. En 1975 éclata la guerre civile libanaise, à laquelle participèrent les Palestiniens et qui déboucha sur la première occupation du Sud-Liban par Israël. En 1982, Ariel Sharon conduisit ses blindés jusqu'à Beyrouth ; les massacres des camps palestiniens de Sabra et Chatila, en septembre, choquèrent les opinions publiques. En décembre 1987 commença la première Intifada, qui dura jusqu'aux accords d'Oslo de 1993 et donna naissance au mouvement de la résistance islamique (Hamas).

L'échec des négociations israélo-palestiniennes aboutit, en septembre 2000, à la seconde Intifada, avec sa vague d'attentats suicides. La même année, sous la pression du Hezbollah, l'armée israélienne se retira inconditionnellement du Liban ; elle tenta sans succès, en juillet-août 2006, de briser l'organisation chiite, au prix de terribles destructions et de lourdes pertes humaines pour le pays du Cèdre. Dernier épisode en date, l'offensive contre Gaza (2008-2009), qui s'ajoute aux conflagrations successives survenues dans le Golfe depuis trente ans. Aucun autre conflit, aucune autre région n'ont polarisé depuis aussi longtemps, avec une telle acuité et une telle énergie, les responsables politiques et les médias du monde entier.

Au lendemain de la Seconde Guerre mondiale, les deux grands, engagés dans la guerre froide, se disputent une zone d'autant plus stratégique qu'elle assure une grande part de l'approvisionnement en pétrole, ressource primordiale à la croissance de l'Europe et des États-Unis durant les Trente Glorieuses. Garantir la sécurité des flux d'or noir, et cela à bas prix, est un objectif prioritaire pour Washington. La création de l'Organisation des pays exportateurs de pétrole (OPEP) en 1960 et, surtout, la crise de 1973 ne feront que rendre plus crucial l'enjeu pétrolier.

Autre dimension des affrontements : le caractère « sacré » de la Palestine, qui a vu la naissance du judaïsme et la prédication du Christ et qui abrite l'un des lieux saints de l'islam. Durant des siècles, les noms de Jérusalem, de Bethléem, de Nazareth ont résonné dans la mémoire des fidèles des trois grandes religions monothéistes. Même si elles ont servi de couverture à d'autres ambitions, les croisades ont embrigadé pendant quelques centaines d'années des hommes et des femmes des deux bords de la Méditerranée. Et les juifs religieux allaient en Palestine pour y être enterrés.

Une grande partie des origines des trois religions monothéistes relève de la mythologie. Il ne s'agit pas ici de démêler le vrai du miraculeux, mais de rappeler brièvement comment les croyants appréhendent leur religion, car c'est avant tout cette foi qui les fait penser et agir.

C'est en l'an 1000 av. J.-C. que le roi David s'empare de Jérusalem, qui deviendra la capitale de son royaume juif et prendra le titre de « cité de David ». Il y installe l'arche de Dieu, symbole de l'alliance entre les juifs et leur dieu. Son successeur, Salomon, y fait bâtir le Temple, que détruiront trois siècles plus tard les Assyriens, conduits par leur roi Nabuchodonosor. Ces derniers conquièrent Jérusalem en 597 av. J.-C. et en déportent les habitants. Soixante-dix ans après, Cyrus le Grand leur permet de retourner en Palestine et le Temple est reconstruit :

> Alors les bâtisseurs posèrent les fondements du Temple du Seigneur, tandis qu'on plaçait les prêtres en costume, avec les trompettes, ainsi que les lévites fils d'Assaf avec les cymbales pour qu'ils louent le Seigneur d'après les ordonnances de David roi d'Israël (Livre d'Esdras, 3-10).

L'édifice était alors de bien piètre qualité. Il fallut attendre le roi Hérode, installé au pouvoir en Judée par les légions romaines, qui s'emparèrent de Jérusalem en 63 av. J.-C., pour qu'il devienne une grande œuvre. Il fut à nouveau détruit en août 70 apr. J.-C. par les soldats de Titus. Ceux-ci mirent ainsi fin à une longue et violente révolte juive, accomplissant, à leur corps défendant, la prophétie de Jésus montrant le temple à ses disciples :

> Vous voyez tout cela, n'est-ce pas ? En vérité, je vous le déclare, il ne restera pas ici pierre sur pierre : tout sera détruit (Matthieu, 24, 2).

La Palestine abrite la plupart des sites symboliques de la prédication de Jésus : le Saint-Sépulcre, érigé au-dessus de son tombeau, la grotte de sa naissance à Bethléem, ainsi que le fleuve du Jourdain, dans lequel il a été baptisé par saint Jean. La région devient un lieu de pèlerinage fréquenté dès le IVe siècle, quand l'empereur romain Constantin instaure le christianisme comme religion officielle (313, édit de Milan) et construit la basilique du Saint-Sépulcre. En 451 est créé le patriarcat de Jérusalem. Les périls du voyage n'arrêtent pas les pèlerins les plus fervents, qui voient là un moyen de se conformer aux paroles du Christ :

> Quiconque abandonnera son père, sa mère, son épouse, ses enfants et ses champs à cause de moi, recevra le centuple et possèdera la vie éternelle (Matthieu, 19, 20).

La ville, objet d'affrontements entre l'Empire byzantin et les Perses, est finalement conquise par les Arabes, qui professent une religion jusque-là inconnue. C'est vers Jérusalem, considérée comme le berceau de la prophétie, que priait Mohammed dans les premières années de sa prédication. Puis viendront des versets du Coran qui aboliront cette décision :

Nous n'avons fixé pour toi la *qibla* vers Jérusalem, comme direction de prière que pour que nous distinguions celui qui te suit de celui qui se détache de toi. [...] Tourne donc ton visage vers la Mosquée sacrée. Croyants, où que vous soyez, tournez votre face dans sa direction (sourate II, versets 143-144).

Mais l'épisode le plus célèbre concernant Jérusalem n'est évoqué que de manière allusive dans le Coran :

Gloire à celui qui fit voyager son serviteur la nuit, de la Sainte Mosquée [la Kaaba, à La Mecque] à la mosquée éloignée [à Jérusalem] dont nous avons béni les alentours, afin de lui montrer quelques-uns de nos signes ! Dieu est, en vérité, Celui qui entend et qui sait tout (sourate XVII, verset 1).

La tradition musulmane est unanime quant à l'interprétation de ce passage : elle fait voyager Mohammed, dans un état intermédiaire entre le sommeil et la veille, de La Mecque vers Jérusalem, puis de Jérusalem au ciel, sur une monture mystérieuse, l'« Éclair » (*Bouraq*) – selon le commentaire du cheikh Si Hamza Boubakeur.

Mohammed meurt en 632 et, moins de six ans plus tard, les troupes arabes conquièrent la ville. Après une période brillante, qui se traduit par la construction de la mosquée d'Al-Aqsa et du dôme du Rocher, d'où Mohammed serait monté vers le ciel, Jérusalem, tout en restant la troisième ville sainte de l'islam, perd une partie de son prestige, Bagdad étant choisi comme capitale de l'Empire abbasside au milieu du VIIIe siècle. Néanmoins, les pèlerinages, aussi bien juifs que chrétiens, se poursuivent, d'autant que les musulmans ont permis aux juifs chassés par les croisés de se réinstaller dans la ville.

Les musulmans respectèrent les lieux saints du christianisme comme du judaïsme. Seule exception, le calife fatimide Al-Hakim (985-1021), un homme très controversé même parmi les musulmans puisqu'il fut l'inspirateur des croyances druzes. Il s'engagea dans une persécution des chrétiens dictée par son affrontement avec l'Empire byzantin, allant jusqu'à détruire l'église du Saint-Sépulcre en 1009. Bien qu'elle eût été reconstruite par les sultans musulmans quelques décennies plus tard, ces événements donnèrent lieu à une violente réaction dans le monde chrétien, et les juifs en furent souvent les premières victimes.

La flambée des persécutions contre les chrétiens comme la rivalité croissante avec les puissances musulmanes pour le contrôle de la Méditerranée sont à l'origine du lancement de la première croisade par le pape Urbain II en 1095 :

> Je vous avertis et vous conjure, non en mon nom, mais au nom du Seigneur, vous les hérauts du Christ, d'engager par de fréquentes proclamations les Francs de tout rang, gens de pied et chevaliers, pauvres et riches, à s'empresser de secourir les adorateurs du Christ, pensant qu'il en est encore temps, et de chasser loin des régions soumises à notre foi la race impie des dévastateurs. Cela, je le dis à ceux de vous qui sont présents ici, je vais le mander aux absents ; mais c'est le Christ qui l'ordonne. Quant à ceux qui partiront pour cette guerre sainte, s'ils perdent la vie soit pendant la route sur terre, soit en traversant les mers, soit en combattant les Idolâtres, tous leurs péchés leur seront remis à l'heure même : cette faveur est si précieuse, je la leur accorde en vertu de l'autorité dont je suis investi par Dieu même. Quelle honte ne serait-ce pas pour nous si cette race infidèle si justement méprisée, dégénérée de la dignité d'homme, et vile esclave du démon, l'emportait sur le peuple élu de Dieu tout-puissant, ce peuple qui a reçu la lumière de la vraie foi, et sur qui le nom du Christ répand une si grande splendeur !

Les premiers à se laisser entraîner par cet élan guerrier sont les pauvres et les paysans. Ils sont environ 15 000, hommes et femmes, enfants et vieux, jeunes et infirmes, à suivre un moine d'Amiens, Pierre l'Ermite. Ils seront massacrés, mais relayés par une armée plus organisée qui va conquérir Jérusalem en 1099. Commence alors une période de deux siècles appelée la période des croisades, qui marquera durablement les esprits, en Orient comme en Occident.

Dans la région, la conduite des croisés a laissé un souvenir douloureux et terrible que l'écrivain Amin Maalouf a bien narré dans son livre *Les Croisades vues par les Arabes*[1]. Il raconte ainsi la chute de Jérusalem en 1099 :

> Quand la tuerie s'est arrêtée, deux jours plus tard, il n'y avait plus un seul musulman dans les murs. Quelques-uns ont profité de la confusion pour se glisser au-dehors. [...] Les autres gisaient par milliers dans les flaques de sang au seuil de leurs demeures ou aux abords des mosquées. Parmi eux, un grand nombre d'imams, d'ulémas, d'ascètes soufis qui avaient quitté leurs pays pour venir vivre une pieuse retraite en ces lieux saints. [...] Le sort des juifs de Jérusalem a été tout aussi atroce. [Après l'entrée des croisés dans la ville], la communauté entière, reproduisant un geste ancestral, s'est rassemblée dans la synagogue principale pour prier. Les Franjs ont bloqué alors toutes les issues, puis, empilant des fagots de bois tout autour, y ont mis le feu. Ceux qui tentaient de sortir étaient achevés dans les ruelles avoisinantes. Les autres étaient brûlés vifs.

Et les chrétiens d'Orient ne furent pas épargnés : l'une des premières mesures prises par les vainqueurs fut d'expulser les prêtres chrétiens de rite orthodoxe de

---

1. Amin Maalouf, *Les Croisades vues par les Arabes*, J'ai lu, Paris, 1999.

l'église du Saint-Sépulcre... Quelques dizaines d'années plus tard, le chroniqueur Oussama Ibn Mounqidh écrira :

> Tous ceux qui sont renseignés sur les Franjs ont vu en eux des bêtes qui ont la supériorité du courage et de l'ardeur au combat, mais aucune autre, de même que les animaux ont la supériorité de la force et de l'agression.

Quand, à partir du XIIe siècle, ces terres repassèrent durablement sous le contrôle de puissances musulmanes, d'importantes communautés chrétiennes et juives y vivaient, et la Palestine demeura un lieu de pèlerinage. Les voyages, à l'époque, n'étaient soumis à aucun visa ni aucun contrôle d'identité, mais aux aléas de la sécurité, les longs déplacements par mer ou par terre étant souvent hasardeux. Des affrontements intermittents continuèrent d'opposer l'Empire ottoman, qui domina le Proche-Orient et une grande partie de la Méditerranée à partir du XVe siècle, et les royaumes chrétiens. Jérusalem passa sous contrôle ottoman le 30 décembre 1516 ; elle le restera, de manière plus ou moins formelle, jusqu'en 1918. Durant deux siècles, le « péril turc » occupa les esprits européens, du premier siège de Vienne de 1529, qui marqua l'apogée de la puissance de la Sublime Porte, jusqu'au second, en 1683, qui confirma son déclin.

Souvent défini comme un combat entre l'islam et la chrétienté, cet affrontement titanesque obéissait aussi aux lois plus banales de la géopolitique et des rivalités entre puissances, comme en témoigna l'alliance de François Ier avec Soliman le Magnifique contre l'empire de Charles Quint. Durant de longues périodes, d'ailleurs, la Méditerranée fut davantage une mer d'échanges, autant humains que culturels, que de déchirements. L'esprit des croisades ne soufflait pas en permanence sur la « mer du milieu »...

Aux xviiie et xixe siècles, les collines de Jérusalem et les oliviers de la Palestine attirèrent peintres et romanciers, français comme britanniques. Chaque nom, chaque pierre évoquait la naissance des religions, les livres saints, la traversée du Sinaï par Moïse, le sermon de Jésus sur la montagne, même pour des voyageurs que n'exaltait plus une foi conquérante. Parallèlement se développa un millénarisme protestant centré sur l'apocalypse. S'appuyant sur l'interprétation de certains passages ésotériques du Nouveau Testament, il prétendait que les juifs se regrouperaient en Palestine pour s'y convertir, étape indispensable avant l'avènement du royaume du Christ.

Du côté musulman ou arabe, les ingérences et les interventions étrangères furent souvent interprétées comme des agressions chrétiennes similaires aux croisades. Il en fut ainsi de la conquête de l'Égypte par Bonaparte en 1798, malgré les déclarations lénifiantes du futur empereur, qui laissa même entendre qu'il s'était converti à l'islam... Et Napoléon, dans ses souvenirs, pouvait noter :

Khan Younès est le premier village de la Syrie. On allait tra-
verser la Terre sainte. Les soldats se livrèrent à toutes sor-
tes de conjectures. Tous se faisaient une fête d'aller à
Jérusalem ; cette fameuse Sion parlait à toutes les imagina-
tions et réveillait toute espèce de sentiments. Les Chrétiens
leur avaient montré dans le désert un puits où la Vierge,
venant de Syrie, s'était reposée avec l'enfant Jésus.

Les hommes dont il parle sont les soldats de l'an II,
qui se sont levés pour défendre la révolution...

Mais c'est pour des motifs plus prosaïques que les puissances européennes, désireuses d'asseoir leur domination mondiale, s'intéressent au statut de la Palestine.
Comme l'explique Henry Laurens :

L'espace géographique entre la Méditerranée et le Jourdain
n'avait certes pas été négligé, depuis la fin des croisades,
comme lieu de pèlerinage, mais c'est bien la société industrielle du XIXe siècle qui lui restitue, pour le meilleur et peut-
être pour le pire, le statut de Terre sainte. Dès le milieu du
siècle, l'interaction entre le politique et les imaginaires col-
lectifs s'est établie dans cette « invention de la Terre sainte »
si proche finalement des « inventions » de peuples et de terres par les nationalismes, collectivités imaginaires ou plutôt
imaginées[1].

Et cette « invention » justifiera les ingérences de plus
en plus énergiques des puissances européennes dans

---

1. Henry Laurens, *L'Invention de la Terre sainte, 1799-1922*,
Fayard, Paris, 2002.

les affaires de la Palestine, sous prétexte de protéger les minorités chrétiennes et juives.

Alors que déclinait en partie l'attraction des religions, une nouvelle idéologie émergea dans la région sous l'influence des idées européennes : le nationalisme. À la fin du XIXᵉ siècle fut fondée l'Organisation sioniste mondiale, qui revendiquait un État juif en Palestine ; et, déjà, un mouvement de renaissance arabe (*nahda*) ambitionnait d'assurer l'indépendance des Arabes face à l'Empire ottoman, mais aussi face aux puissances européennes.

La « reconquête » de Jérusalem par les troupes alliées en 1918 ne pouvait manquer de soulever une vague de consternation dans le monde musulman. Elle entérinait l'effondrement du dernier grand empire musulman, l'Empire ottoman. Le califat, symbole de l'unité (en partie factice) de l'*oumma*, la communauté des croyants, fut aboli. La fin de la Première Guerre mondiale allait marquer l'apogée de la domination de l'Europe non seulement sur le Proche-Orient mais aussi sur le reste de la planète. Dictée par des ambitions géopolitiques, la prise de Jérusalem pouvait être perçue comme une revanche de l'Occident chrétien.

Le Royaume-Uni, qui avait obtenu en 1922 le mandat de la SDN sur la Palestine, se vit aussi confier la mise en œuvre de la « promesse Balfour » (2 novembre 1917) – un engagement pris par Londres de favoriser la création d'un « foyer national juif ». L'affrontement se déploya dans ses formes actuelles, mais la Palestine resta un aimant pour nombre de pèlerins : juifs, musulmans ou chrétiens pouvaient s'y rendre et y accomplir leurs devoirs religieux. La dimension « sainte » de cette terre n'allait jamais totalement disparaître, même quand l'affrontement se transformerait radicalement, avec l'idée d'un « foyer national » pour les juifs. L'accélération de la colonisation lui conféra un caractère national, qu'on l'interprète comme la lutte du peuple juif pour retourner dans sa patrie ou comme une lutte anticoloniale des Palestiniens contre les Britanniques et l'immigration sioniste. N'oublions pas que les lieux saints servirent de prétexte à plusieurs confrontations, en 1920, en 1929 et encore en septembre 2000, avec la visite d'Ariel Sharon sur l'esplanade des mosquées, une provocation à l'origine de la seconde Intifada. Benyamin Netanyahou et le Prix Nobel de la paix Élie Wiesel ont affirmé, au printemps 2010, que Jérusalem était l'indivisible capitale de l'« État juif » et que le Coran ne la mentionnait même pas ! La religion servira toujours, avec plus ou moins de force selon les moments, à alimenter l'imaginaire des uns et des autres, ainsi que leur fanatisme...

ANNEXE II

Où l'on constate
que Bernard-Henri Lévy
n'est pas Victor Hugo

L'auteur n'est pas « impartial » comme on a l'habitude de dire quand on veut louer un historien. L'impartialité, étrange vertu que Tacite n'a pas. Malheur à qui resterait impartial devant les plaies saignantes de la Liberté ! En présence du fait de décembre 1851, l'auteur sent toute la nature humaine se soulever en lui, il ne s'en cache point, et l'on doit s'en apercevoir en le lisant. Mais chez lui la passion pour la vérité égale la passion pour le droit. L'homme indigné ne ment pas.

Réflexions de Victor Hugo sur le coup
d'État mené par le futur
Napoléon III pour s'emparer du pouvoir,
in *Napoléon le Petit*, 1882.

Le 8 janvier 2009, alors que les chars israéliens avançaient dans Gaza, Bernard-Henri Lévy publiait dans *Le Point* une chronique intitulée « Libérer les

Palestiniens du Hamas ». Texte exemplaire, car il résume les arguments de tous ceux qui refusent d'appliquer au conflit du Proche-Orient les principes universels dont ils ne cessent, partout ailleurs, de se réclamer. De même que le nuage de Tchernobyl est censé s'être arrêté aux frontières de la France, l'application du droit international semble s'arrêter aux frontières de la Palestine.

L'idée n'est pas neuve. Un expert allemand de science politique, Heinrich von Treitschke, écrivait déjà en 1898 :

> Le droit international ne devient que des phrases si l'on veut également en appliquer les principes aux peuples barbares. Pour punir une tribu nègre, il faut brûler ses villages, on n'accomplira rien sans faire d'exemple de la sorte. Si, dans des cas semblables, l'Empire allemand appliquait le droit international, ce ne serait pas de l'humanité ou de la justice, mais une faiblesse honteuse.

L'universalité des droits humains, oui, mais seulement pour les Blancs... Le texte de Bernard-Henri Lévy se situe donc dans une tradition ancrée qui n'a rien d'exceptionnel. On en trouve des déclinaisons quotidiennes à la radio et à la télévision. Mais il est un condensé éclairant des demi-mensonges et des contre-vérités dont nous sommes abreuvés.

N'étant pas un expert militaire, je m'abstiendrai de juger si les bombardements israéliens sur Gaza auraient pu être mieux ciblés, moins intenses.

Étrange argument, que le philosophe avait déjà utilisé dans ses tribunes sur la guerre du Liban de 2006. Faut-il être un spécialiste militaire pour décider si une intervention armée viole ou non le droit international ? Un philosophe pourrait même faire l'affaire... Que ce soit en Bosnie ou en Géorgie, Bernard-Henri Lévy ne se prive pas, malgré son incompétence en matière militaire, de dénoncer ceux qui violent ce droit. Mais en Palestine, il en va autrement.

N'ayant, depuis des décennies, jamais pu me résoudre à distinguer entre bons et mauvais morts ou, comme disait Camus, entre « victimes suspectes » et « bourreaux privilégiés », je suis évidemment bouleversé, moi aussi, par les images d'enfants palestiniens tués.

Le chroniqueur ne peut, évidemment, s'empêcher de déplorer la mort de civils. Mais c'est pour se débarrasser définitivement du sort des victimes. On n'est plus à l'époque où l'on acceptait comme nécessaire la mort de civils nègres. Dans notre siècle éclairé, il faut faire preuve de compassion.

Cela étant dit, et compte tenu du vent de folie qui semble, une fois de plus, comme toujours quand il s'agit d'Israël, s'emparer de certains médias, je voudrais rappeler quelques faits.

1. Aucun gouvernement au monde, aucun autre pays que cet Israël vilipendé, traîné dans la boue, diabolisé, ne tolérerait de voir des milliers d'obus tomber, pendant des années, sur ses villes : le plus remarquable dans l'affaire,

le vrai sujet d'étonnement, ce n'est pas la « brutalité » d'Israël – c'est, à la lettre, sa longue retenue.

Rappelons les faits : le 18 juin 2008, sous l'égide de l'Égypte, un cessez-le-feu est signé entre le Hamas et Israël. Comme l'indiquent les statistiques mêmes du ministère israélien des Affaires étrangères, il ne tombera, entre cette date et début novembre, pratiquement plus aucune roquette sur Israël – les quelques exceptions sont dues à d'autres groupes que le Hamas, ce dernier ayant d'ailleurs pris un maximum de mesures pour les faire cesser. C'est une opération israélienne à Gaza, début novembre, qui relancera les combats, après avoir provoqué la mort de plusieurs militants du Hamas.

2. Le fait que les Qassam du Hamas et, maintenant, ses missiles Grad aient fait si peu de morts ne prouve pas qu'ils soient artisanaux, inoffensifs, etc., mais que les Israéliens se protègent, qu'ils vivent terrés dans les caves de leurs immeubles, aux abris : une existence de cauchemar, en sursis, au son des sirènes et des explosions – je suis allé à Sdérot, je sais.

Bernard-Henri Lévy est allé à Sdérot. Il est aussi allé dans beaucoup d'endroits du monde, parfois physiquement, parfois seulement en pensée. Quand on est philosophe et écrivain, on peut inventer – comme en Géorgie, où il est prouvé que Lévy a tout simplement affabulé sur des lieux où il ne s'était jamais rendu.

Mais est-il jamais allé à Gaza ? Oui, dans un char israélien, comme il le raconte dans ses « Carnets de guerre » *(sic)* publiés par *Le Journal du dimanche* :

> Je suis, ce mardi 13 janvier, entré, à la nuit tombée, dans les faubourgs de Gaza-City, quartier Abasan Al-Jadida, un kilomètre au nord de Khan Younès – « *embedded* » dans une unité d'élite Golani. Je sais, pour l'avoir évité toute ma vie, que le point de vue de l'« *embedded* » n'est jamais le bon point de vue. Et je ne vais pas prétendre, en quelques heures, avoir capté l'esprit de cette guerre. Mais, cela étant dit, je donne mon témoignage. […] Et puis, enfin, je peux me tromper mais le peu, très peu, que je vois (buildings plongés dans l'obscurité mais debout, vergers à l'abandon, la rue Khalil al-Wazeer avec ses commerces fermés) indique la ville sonnée, transformée en souricière, terrorisée – mais certainement pas rasée au sens où purent l'être Grozny ou certains quartiers de Sarajevo. Peut-être serai-je démenti quand la presse entrera enfin dans Gaza. Mais, pour l'heure, c'est, encore, un fait.

On notera le recours à la même vieille technique déjà utilisée pour se débarrasser des victimes palestiniennes.

Une ville « sonnée » ! Aurait-on dit de Guernica que c'était une ville « sonnée » après son bombardement en 1937 par l'aviation allemande pendant la guerre d'Espagne ?

Bernard-Henri Lévy a-t-il vu dans quelles conditions vivent les Palestiniens depuis des dizaines d'années ? Interviewée par la télévision, une habitante de Gaza à qui l'on demandait si elle rendait le Hamas responsable de ce qu'elle subissait répondait en substance que le territoire avait été bombardé par les Israéliens avant l'arrivée du Hamas, qu'il le serait à nouveau après, que tout cela n'était qu'un prétexte.

Il suffit de comparer le nombre de morts dans les trois années qui ont précédé l'offensive contre Gaza pour mesurer la soi-disant « longue retenue » d'Israël : moins d'une demi-douzaine du côté israélien, plusieurs centaines du côté palestinien. En réalité, les bombardements sur Gaza n'ont jamais cessé, sinon pendant le cessez-le-feu signé le 18 juin 2008. Et que dire de la « longue retenue » des Palestiniens, qui vivent sous occupation depuis plus de quarante ans... Car, il faut le rappeler, ce n'est ni le Fatah, ni l'OLP, ni le Hamas qui sont à l'origine de la résistance, mais l'occupation.

3. Le fait que les obus israéliens fassent, à l'inverse, tant de victimes ne signifie pas, comme le braillaient les manifestants de ce week-end, qu'Israël se livre à un « massacre » délibéré, mais que les dirigeants de Gaza ont choisi l'attitude inverse et exposent leurs populations : vieille tactique du « bouclier humain » qui fait que le Hamas, comme le Hezbollah il y a deux ans, installe ses centres de commandement, ses stocks d'armes, ses bunkers, dans les sous-sols d'immeubles, d'hôpitaux, d'écoles, de mosquées – efficace mais répugnant.

Ce qui est répugnant, en l'occurrence, c'est plutôt la disproportion des forces. Comme l'expose le philosophe (un vrai, celui-là) Michael Walzer :

> Le tir au pigeon n'est pas un combat entre combattants.
> Lorsque le monde se trouve *irrémédiablement* divisé
> entre ceux qui lancent les bombes et ceux qui les reçoi-
> vent, la situation devient moralement problématique[1].

Quant à l'affirmation selon laquelle les combattants
du Hamas se terreraient dans les écoles ou les
mosquées, il s'agit de pure propagande, comme le
confirme le rapport sur Gaza publié par Amnesty International début juillet 2009, à la suite d'une longue
enquête. L'organisation affirme n'avoir trouvé aucune
preuve que le Hamas ou d'autres groupes palestiniens
se soient servis de civils pour couvrir leurs attaques. En
revanche, elle dénonce plusieurs cas où l'armée israélienne s'est servie de « boucliers humains ». Et elle souligne que si la présence de combattants du Hamas et
d'autres groupes est avérée dans des zones civiles, cela
ne prouve pas pour autant que les groupes palestiniens
se servent de civils. Rappelons, en effet, que Gaza est
un tout petit territoire, avec une des plus fortes densi-
tés de population au monde. Où sont censés s'installer
les combattants palestiniens ? Doivent-ils aller au-
devant des troupes israéliennes pour servir de cible ?
Qui reprocherait aux insurgés parisiens de 1848 ou à
ceux de 1851, cités par Victor Hugo, d'avoir construit
des barricades dans les rues de la capitale ?

---

1. Michael Walzer, *Guerres justes et injustes*, Belin, Paris,
1999.

N'ayant sans doute jamais entendu parler de notre « philosophe national », le militant de la paix israélien Uri Avnery écrit :

> Il y a soixante-dix ans, durant la Seconde Guerre mondiale, un crime haineux a été commis dans la ville de Leningrad. Durant plus d'un millier de jours, un gang d'extrémistes appelé l'« Armée rouge » a tenu en otages des millions d'habitants de la ville, et provoqué des représailles de la Wehrmacht allemande en se cachant au milieu de la population. Les Allemands n'eurent pas d'autre choix que de bombarder la population et d'imposer un blocus total provoquant la mort de centaines de milliers de personnes. Quelque temps avant un crime similaire fut commis en Angleterre. Le gang de Churchill s'était caché parmi la population de Londres, se servant de millions de citoyens comme boucliers humains. Les Allemands avaient, malgré leurs réticences, été forcés d'envoyer la Luftwaffe et de réduire la ville en ruines. Ils appelèrent cette offensive le Blitz. Voici comment s'écrirait l'histoire si les Allemands avaient gagné.

« Absurde ? » se demande Avnery. Pas plus que le récit relatif aux événements de Gaza colporté par les médias israéliens, pour une fois presque tous aux ordres de leur gouvernement, et par Bernard-Henri Lévy, qui ne s'en démarque pas davantage.

4. Entre l'attitude des uns et celle des autres il y a, quoi qu'il en soit, une différence capitale et que n'ont pas le droit d'ignorer ceux qui veulent se faire une idée juste, et de la tragédie, et des moyens d'y mettre fin : les Palestiniens tirent sur des villes, autrement dit sur des civils

(ce qui, en droit international, s'appelle un « crime de guerre ») ; les Israéliens ciblent des objectifs militaires et font, sans les viser, de terribles dégâts civils (ce qui, dans la langue de la guerre, porte un nom – « dommage collatéral » – qui, même s'il est hideux, renvoie à une vraie dissymétrie stratégique et morale).

Dissymétrie stratégique ? Incontestablement. Un dirigeant du FLN algérien, Larbi Ben M'hidi, arrêté durant la bataille d'Alger en 1957 puis assassiné, et à qui des journalistes français avaient reproché d'avoir posé des bombes dans des cafés, répondait : « Donnez-moi vos avions *Mystère*, je vous donnerai mes bombes. » Si placer des bombes dans un café est moralement condamnable, comment qualifier le largage de centaines de bombes sur des populations civiles, sur des camps où s'entasse, depuis des décennies, une population si nombreuse ?

Dissymétrie morale ? Les punitions collectives infligées depuis des années à Gaza (et à la Cisjordanie) sont assimilables, selon Richard Falk, envoyé des Nations unies dans les territoires palestiniens, à un « crime contre l'humanité ». Et comment qualifier la poursuite depuis plusieurs années, dans l'indifférence générale, du blocus de Gaza ?

Parlant de ses négociations avec le gouvernement sud-africain et de ses demandes à ce qu'il soit mis un terme à la violence, Nelson Mandela écrit :

Je répondais que l'État était responsable de la violence et que c'est toujours l'oppresseur, non l'opprimé, qui

203

détermine la forme de la lutte. Si l'oppresseur utilise la violence, l'opprimé n'aura pas d'autre choix que de répondre par la violence. Dans notre cas, ce n'était qu'une forme de légitime défense[1].

Nelson Mandela est désormais encensé par ceux-là mêmes qui l'avaient combattu. Ils cherchent à en faire une icône, oubliant que, dans les années 1970 et 1980, les divers gouvernements occidentaux, au premier rang desquels les États-Unis, le Royaume-Uni et Israël, collaboraient avec le régime de l'apartheid, et que Ronald Reagan comme Margaret Thatcher considéraient alors Mandela comme un terroriste.

Dernière petite fourberie qui vaut d'être notée, notre penseur met en parallèle les expressions « dommage collatéral » – euphémisme utilisé pour la première fois par l'armée américaine au Vietnam pour justifier la mort de civils – et « crime de guerre » – qui a une valeur juridique précise.

5. Puisqu'il faut mettre les points sur les i, on rappellera encore un fait dont la presse française s'est étrangement peu fait l'écho et dont je ne connais pourtant aucun précédent, dans aucune autre guerre, de la part d'aucune autre armée : les unités de Tsahal ont, pendant l'offensive aérienne, systématiquement téléphoné (la presse anglo-saxonne parle de 100 000 appels) aux Gazaouis vivant aux

---

1. Nelson Mandela, *Un long chemin vers la liberté, op. cit.*

abords d'une cible militaire pour les inviter à évacuer les lieux ; que cela ne change rien au désespoir des familles, aux vies brisées, au carnage, c'est évident ; mais que les choses se passent ainsi n'est pas, pour autant, un détail totalement privé de sens.

Comme le souligne le rapport d'Amnesty International sur l'offensive contre Gaza, si Israël a effectivement appelé les civils à quitter leur maison, son armée leur a interdit de partir ailleurs. Le haut-commissaire des Nations unies pour les réfugiés remarquait que dans aucun autre conflit sur la planète, on a interdit aux populations civiles de quitter les zones de combat. Et ceux qui se réfugiaient dans des lieux soi-disant sûrs n'ont pas échappé aux bombardements, comme les quarante civils tués dans une école de l'UNRWA, l'office des Nations unies pour les réfugiés palestiniens.

Un indice, parmi tant d'autres, du comportement de l'armée israélienne est donné dans un communiqué du 8 janvier 2009 par le Comité international de la Croix-Rouge (CICR), organisation qui, en général, fait preuve d'une grande réserve :

Dans l'après-midi du 7 janvier, quatre ambulances du Croissant-Rouge palestinien et du [...] CICR ont réussi à obtenir pour la première fois l'accès à plusieurs maisons touchées par les bombardements israéliens dans le quartier de Zeitoun, à Gaza.

Le CICR avait demandé depuis le 3 janvier que les ambulances puissent accéder à ce quartier en toute sécurité, mais il n'a obtenu l'autorisation des Forces de défense israéliennes que l'après-midi du 7 janvier. Dans l'une des maisons, l'équipe du CICR et du Croissant-Rouge a découvert quatre petits enfants à côté de leurs mères respectives, mortes. Ils étaient trop faibles pour se lever tout seuls. [...] Au total, au moins douze corps gisaient sur des matelas.

Dans une autre maison, l'équipe de secours du CICR et du Croissant-Rouge palestinien a découvert quinze survivants de l'attaque, dont plusieurs blessés. [...]

Cet incident est choquant, a déclaré Pierre Wettach, chef de la délégation du CICR pour Israël et les territoires palestiniens occupés. Les militaires israéliens devaient être au courant de la situation, mais ils n'ont pas porté secours aux blessés. Ils n'ont pas non plus fait en sorte que le CICR ou le Croissant-Rouge palestinien puissent leur venir en aide. [...]

Le CICR estime que, dans le cas présent, l'armée israélienne n'a pas respecté son obligation de prendre en charge les blessés et de les évacuer, comme le prescrit le droit international humanitaire. Il juge inacceptable le retard avec lequel l'accès a été donné aux services de secours.

Toutes ces informations ont été confirmées par le rapport d'Amnesty International et par des milliers de témoignages, dont celui, bouleversant, d'un médecin norvégien, Mads Gilbert, qui soignait les victimes sur place et qui parle d'« une guerre totale contre la population civile palestinienne ».

6. Et quant au fameux blocus intégral, enfin, imposé à un peuple affamé, manquant de tout et précipité dans une crise humanitaire sans précédent [*sic*], ce n'est, là non plus, factuellement pas exact : les convois humanitaires n'ont jamais cessé de passer, jusqu'au début de l'offensive terrestre, au point de passage Kerem Shalom ; pour la seule journée du 2 janvier, ce sont 90 camions de vivres et de médicaments qui ont pu, selon le *New York Times*, entrer dans le territoire ; et je n'évoque que pour mémoire (car cela va sans dire – encore que, à lire et écouter certains, cela aille peut-être mieux en le disant...) le fait que les hôpitaux israéliens continuent, à l'heure où j'écris, de recevoir et de soigner, tous les jours, des blessés palestiniens.

Ce qui semble impossible, quand on s'appelle Bernard-Henri Lévy, c'est de se renseigner et de confronter ses confortables certitudes aux réalités humaines les plus concrètes. Car le nombre de camions qu'il cite est absolument dérisoire quand on connaît les besoins du million et demi d'habitants de Gaza. Avant la prise du pouvoir par le Hamas en juin 2007, le nombre moyen de camions se rendant chaque mois à Gaza était de 12 350, soit 400 par jour, à comparer aux 90 qui impressionnent Bernard-Henri Lévy. Au mois de juillet 2008, ce nombre était tombé à un millier, avant de s'effondrer en novembre à... 23 ! Au printemps 2009, il passait 3 000 camions par mois, le quart du nécessaire pour les besoins d'une population vivant en majorité sous le seuil de pauvreté.

Très vite, espérons-le, les combats cesseront. Et très vite, espérons-le aussi, les commentateurs reprendront leurs esprits. Ils découvriront, ce jour-là, qu'Israël a commis bien des erreurs au fil des années (occasions manquées, long déni de la revendication nationale palestinienne, unilatéralisme), mais que les pires ennemis des Palestiniens sont ces dirigeants extrémistes qui n'ont jamais voulu de la paix, jamais voulu d'un État et n'ont jamais conçu d'autre État pour leur peuple que celui d'instrument et d'otage [...].

Répétons, encore une fois, que c'est l'armée israélienne qui, dans la nuit du 4 au 5 novembre 2008, a violé le cessez-le-feu par une incursion qui a provoqué la mort de plusieurs Palestiniens. Et que, par ailleurs, Israël n'a jamais respecté l'une des clauses du cessez-le-feu conclu avec le Hamas, celle qui prévoyait l'ouverture des points de passage entre Israël et Gaza, contribuant ainsi à affamer la population de ce territoire surpeuplé.

Mais, surtout, qui empêche la signature de la paix ? Pendant deux décennies, les dirigeants israéliens n'ont cessé d'affirmer que le seul obstacle à un règlement était l'OLP, dont nombre de leaders ont été assassinés par le Mossad. Lors de la seconde Intifada, Ariel Sharon a décrété que Yasser Arafat était devenu l'obstacle principal à la paix. Après la mort de ce dernier, Mahmoud Abbas (Abou Mazen) a été élu à la tête de l'Autorité palestinienne et salué pour sa modération, en Israël ainsi qu'aux États-Unis et en Europe. Pourtant, au cours de ses cinq années de présidence, Mahmoud Abbas s'est heurté au refus du gouvernement israélien d'engager de véritables négociations. Le Hamas n'était pas partie prenante de ces pourparlers (selon les accords d'Oslo, seule l'OLP est habilitée à négocier avec Israël), et pourtant ils ont échoué, tout simplement parce qu'Israël rejette l'application des résolutions des Nations unies qui exigent le retrait des territoires occupés en 1967. Tous les États arabes se sont ralliés à l'initiative de paix du roi Abdallah d'Arabie Saoudite proposant un échange – « la paix contre les territoires » – qu'Israël a encore repoussé...

Pour les gouvernements israéliens, les seules fonctions de l'Autorité palestinienne sont la gestion administrative civile des Palestiniens et le maintien de l'ordre. Ils veulent réduire la police palestinienne à une force supplétive de l'occupation militaire. Tel est le rôle assigné à Mahmoud Abbas, dont Israël recherche moins la « modération » que la collaboration...

Aujourd'hui, de deux choses l'une. Ou bien les Frères musulmans de Gaza rétablissent la trêve qu'ils ont rompue et, dans la foulée, déclarent caduque une charte fondée sur le pur refus de l'« entité sioniste » : ils rejoindront ce vaste parti du compromis qui ne cesse, Dieu soit loué, de progresser dans la région – et la paix se fera. Ou bien ils s'obstinent à ne voir dans la souffrance des leurs qu'un bon carburant pour leurs passions recuites, leur haine folle, nihiliste, sans mots – et c'est non seulement Israël,

mais les Palestiniens, qu'il faudra libérer de la sombre emprise du Hamas.

Il est paradoxal de voir l'un des avocats zélés de la politique israélienne se faire le chantre de la libération des Palestiniens ! Rappelons que la majorité des Palestiniens a voté pour le Hamas dans des élections libres voulues par les États-Unis et l'Union européenne. Ils ont voulu protester contre l'incurie de l'OLP et contre l'échec du processus d'Oslo, que le Fatah avait soutenu.

Au nom de « nos valeurs », devons-nous refuser le verdict des urnes ? Il faudrait dissoudre le peuple et en élire un autre, ironisait en d'autres temps le dramaturge allemand Bertolt Brecht. Ou lui imposer une bonne occupation qui le civilisera, comme le suggèrent d'autres. N'était-ce pas déjà le raisonnement des Soviétiques quand ils décidèrent, en décembre 1979, d'envahir l'Afghanistan ? Faut-il s'étonner que, dans un éditorial de *Charlie Hebdo*, Philippe Val, défenseur inconditionnel d'Israël, devenu directeur de France Inter, évoque cette même invasion soviétique à propos de Gaza : « Les Soviétiques eux-mêmes, en 1979, avaient senti le danger [l'islamisme], et, à tort ou à raison [*sic*], avaient envahi l'Afghanistan[1] » ?

---

1. « Gaza : la colombe, le faucon et le vrai con », *Charlie Hebdo*, Paris, 13 janvier 2009.

Justifier l'occupation israélienne, en minimiser les crimes, pour mieux aider les Palestiniens à se libérer... de l'intégrisme islamiste, il faut oser !

Le rapport de la commission des Nations unies sur la guerre de Gaza, présidée par le juge Richard Gold-stone, a confirmé que l'armée israélienne a commis dans ce territoire des crimes de guerre et que cette action de grande envergure s'apparente peut-être à un crime contre l'humanité. Le rapport n'a pas épargné non plus le Hamas. Mais Bernard-Henri Lévy n'en a cure. Il se veut « neutre », c'est-à-dire aux côtés des oppresseurs, selon la définition même de Victor Hugo.

Bibliographie

Gilbert Achcar, *Les Arabes et la Shoah. La guerre israélo-arabe des récits*, Actes Sud, coll. « Sindbad », Arles, 2009.

Dipesh Chakrabarty, *Provincializing Europe. Postcolonial Thought and Historical Difference*, Princeton University Press, Princeton, 2000 (trad. fr. *Provincialiser l'Europe*, Éditions Amsterdam, Paris, 2009).

Henri Curiel, *Pour une paix juste au Proche-Orient*, Association Henri Curiel, Paris, 1979.

Caroline Elkins et Susan Pedersen (dir.), *Settler Colonialism in the xx^{th} Century*, Routledge, New York, Londres, 2005.

Joseph Kessel, *Terre d'amour et de feu*, 10-18, Paris, 1985.

Victor Kattan, *From Coexistence to Conquest*, Pluto Press, Londres, 2009.

Walid Khalidi, *From Haven to Conquest. Readings in Zionism and the Palestine Problem Until 1948*, Institute for Palestine Studies, Washington, 1987.

Howard Lamar et Leonard Thomson (dir.), *The Frontier in History. North America and Southern*

Africa Compared, Yale University Press, New Haven, 1981.

Yitzhak Laor, *Le Nouveau Philosémitisme européen et le « camp de la paix » israélien*, La Fabrique, Paris, 2007.

Henry Laurens, *La Question de Palestine*, 3 vol., Fayard, Paris, 1999, 2002 et 2007.

Peter Novick, *L'Holocauste dans la vie américaine*, Gallimard, Paris, 2001.

Jennifer Pitts, *Naissance de la bonne conscience coloniale. Les libéraux français et britanniques et la question impériale, 1770-1870*, les Éditions de l'Atelier, Paris, 2008.

Vijay Prashad, *Les Nations obscures. Une histoire populaire du Tiers Monde*, Écosciété, Montréal, 2010.

Maxime Rodinson, *Peuple juif ou problème juif ?*, La Découverte, Paris, 1997.

Tom Segev, *Le Septième Million*, Liana Lévi, Paris, 1993.

Ivan Segré, *La Réaction philosémite ou la trahison des clercs*, Lignes, Paris, 2009.

Enzo Traverso, *Le Passé, modes d'emploi. Histoire, mémoire, politique*, La Fabrique, Paris, 2005.

Idith Zertal, *La Nation et la mort. La Shoah dans le discours et la politique d'Israël*, La Découverte, Paris, 2008.

Table

B▲BEL

Extrait du catalogue

COÉDITION ACTES SUD – LEMÉAC

Ouvrage réalisé
par l'atelier graphique Actes Sud.
Reproduit et achevé d'imprimer
en mars 2012
par Normandie Roto Impression s.a.s.
61250 Lonrai
pour le compte des éditions
Actes Sud
Le Méjan
Place Nina-Berberova
13200 Arles.

Dépôt légal
1re édition : avril 2012
N° impr. : 121058
(Imprimé en France)